流量思维

拉新、留存、转化、裂变 实战法则

张梦◎著

中国纺织出版社有限公司

内 容 提 要

流量思维包括四大模块：拉新、留存、转化、裂变，这是互联网时代赢得用户、脱颖而出的必备思维。本书讲述了拉新引流、留存养熟、转化升级、裂变疯传这四个模块的底层逻辑和实操技巧，助力品牌走向从引流到变现的盈利之路。本书有思维指导，更有实战指南，不仅适合企业家用作实战参考，还适合想实现品牌引流变现的每一位读者。

图书在版编目（CIP）数据

流量思维：拉新、留存、转化、裂变实战法则 / 张梦著. --北京：中国纺织出版社有限公司，2023.3

ISBN 978-7-5229-0290-6

Ⅰ. ①流… Ⅱ. ①张… Ⅲ. ①网络营销 Ⅳ. ①F713.365.2

中国国家版本馆CIP数据核字（2023）第018191号

策划编辑：曹炳镝　　责任编辑：史 岩 于 泽
责任校对：楼旭红　　责任印制：储志伟

中国纺织出版社有限公司出版发行
地址：北京市朝阳区百子湾东里 A407 号楼　邮政编码：100124
销售电话：010—67004422　传真：010—87155801
http://www.c-textilep.com
中国纺织出版社天猫旗舰店
官方微博 http://weibo.com/2119887771
三河市延风印装有限公司印刷　各地新华书店经销
2023 年 3 月第 1 版第 1 次印刷
开本：710 × 1000　1/16　印张：13.5
字数：123 千字　定价：58.00 元

前言

很多人第一次听到“流量”二字，大多是和明星有关。比如，“流量小花”“流量小生”。明星只要和“流量”二字挂钩，就意味着他/她的人气超旺，粉丝众多，号召力很强，商业价值不可限量。甚至有了流量的加持，老戏骨们也要给“小花”“小鲜肉”们做配角。由此可见，流量是一个多么厉害的概念。

在互联网时代，流量拥有至关重要的地位。曾经有人将流量等同于用户，等同于金钱。从某种意义上来说，这个等式是成立的。有了流量，一切生意就有了来源，不管你从事的是线上还是线下的生意，不管你提供的是产品还是服务，掌握了多少流量，就意味着你能做多大的生意。

总而言之，在互联网时代，流量已经成为各行各业都绕不开的话题。作为一个商家或者企业运营者，我们一定要构建流量思维，这样才有可能避免被市场淘汰。

另外，随着互联网的不断发展，获取流量的成本日益增高，流量的增长速度也日益放缓。面对这种态势，阿里巴巴集团的CEO张勇在管理者会议上首先提出了私域流量这个概念。他鼓励大家建立自己的私域流量池，培养一批忠实粉丝，从而快速获得利润，使企业获得新生。如果大家没有这样的流量思维，不懂得经营私域流量，那么即使你的酒再香，恐怕也穿不过这幽深的巷子，走不进用户的心里。

那么，在如今这个狼多肉少的存量市场中，商家和企业应该怎样搭建和运营私域流量池，从而抢占更多的流量资源呢？《流量思维——拉新、留存、转化、裂变实战法则》这本书会给你详细而全面的解答。

本书包括九个章节，详细讲述了流量思维的四大模块：拉新、留存、转化、裂变。阅读本书，你既可以领悟到流量的重要作用，也能了解到干货满满的“四项定位法”；既可以学到很多获取流量的方法技巧，也可以全面了解引流拓客的各个渠道；既可以掌握留存养熟客户的技能，还可以获得实现疯传的诀窍。

为了让大家更好地理解书中提及的理论和方法，我们特意引进了走在行业前沿的营销案例。这些案例丰富而翔实，富有代表性，兼具价值感，相信一定可以为你的营销活动提供一些解决问题的思路。此外，本书的语言简练朴实，讲解深入浅出，没有生涩难懂的专业词汇，即便你是一个运营私域流量的小白，阅读起来也毫无压力。

石头科技副总裁程飞说过：“私域流量是价值流量。私域流量池是企业获得产品口碑的重要阵地，是做好用户增长的重要渠道。”我们唯有经营好私域流量池，才算掌握了掘金之道，才算拥有了生存之本。

如何运营好私域流量池，实现流量转化获利和收益增长，并不是每个营销者都擅长的。如果目前的你尚处在流量变现的迷茫之中，或者不知何处寻求新的增长点和抓手，那么不妨读一读这本书，读完之后，相信你会思路清晰，豁然开朗，从而找到开启自己财富大门的“金钥匙”。

张梦

2022年11月

目 录

第一章
流量思维：得粉丝者得天下

第二章
玩转流量思维，先要解锁这些核心技能

第三章
四项定位法，唱响引流前奏曲

第四章
拉新引流，打造属于自己的流量主力军

第五章
五个超强引流渠道，让你蓄满私域流量池

第八章
裂变传播，突破流量瓶颈

第九章
实现疯传，掌握裂变的密码

第一章
流量思维：得粉丝者得天下

酒香也怕巷子深，没有流量真不行

人们常说：真金不怕红炉火，酒香不怕巷子深。然而，在如今这个信息爆炸的时代，这句话的正确性却遭到了质疑。因为太多的产品信息充斥着人们的眼球，可供选择的产品更是数不胜数。如果你仅仅注重产品的质量，并没有把精力放在宣传推广上，那么你的产品很难进入人们的视线，而人们在购买时，就会优先选择那些广告随处可见，流量多的产品。

所以，流量在一定程度上就意味着关注度。再好的产品如果没有流量，没有关注度，很快就被信息化的潮流所吞没，长此以往，企业难逃被淘汰的命运。

另外，流量不仅影响人们的关注度，还影响人们的信任度。比如，我们外出理发，面对两家理发店，一家店冷冷清清，门可罗雀，另一家店人来人往，热闹非凡，相信很多人都会选择后者。因为在大家的潜意识里会认为，客流量大的店，其产品和服务一定是令人满意的，而那个无人问津的店之所以很难招揽到客人，大概率是产品或者服务出现了问题。

再比如，我们网购一件商品时，除了关注产品的性能和样式，还会着重看一看产品的销量和评价。若这个产品的销量低，评价少，我们会不自觉地怀疑这个店铺的产品是不是有问题。

由此可见，好的产品也需要流量做支撑。有了流量的助力，人们购买的积极性才能被充分地调动起来。很多品牌很早以前就认识到这一点，所以不惜花重金在收视率很高的电视台做广告。还有一些商家为了引流，积极地跟百度、搜狐、新浪等网站合作，以此扩大知名度，提升经济效益。

后来，随着智能手机的大范围普及，上网越来越便利，流量的价值也跟着水涨船高，经营流量自然成为很多商家工作的重点。只不过，随着人们接触互联网的方式发生改变，商家引流的方式也有所调整。以前商家用互联网上有影响力的新闻网站引流，现在商家与时俱进，依靠客户使用频率高的 App 引流，依靠手机客户端的新闻资讯引流，也依靠市场受欢迎的短视频引流。

微博作为一个新兴又发展潜力巨大的媒体，日活跃用户量达到亿万之多。面对这样一个庞大的流量池，很多电商自然与之合作。阿里巴巴在很早以前就与新浪微博开展了账号、产品和广告等八个方面的合作。通过合作，双方都实现了互利共赢。

总而言之，在移动互联网时代，流量等同于金钱，谁要是能充分挖掘到流量的价值，那么谁就会更容易获得收益。

用流量思维开启财富密码

在这个信息高度发达的时代，“流量”二字已然成为所有商家都绕不开的话题，因为它不仅反映了消费者的喜好，也和商家的利益息息相关。为了让自身的利益实现最大化，商家开始用流量思维来经营、发展、获利。那么什么是流量思维呢？

流量思维是指在价值链各个环节中都要“以流量多少为主要目标”去考虑问题。换句话说，流量思维最主要的目标是获得更多的流量。这也是流量思维中显著的特征。在流量思维的支配下，很多商家尽可能地广撒网，从多个渠道拉拢客户，获取流量。另外，为了让自己所拥有的流量保值，商家还会想方设法提升服务质量，优化产品，以此提高用户的信任和黏性。

由此可见，流量思维从狭义上来讲，是商家运用多渠道的撒网式手法拉来大量用户的传播运营思想；从广义上说，流量思维是一种以用户为中心的价值导向思维。商家只有具备了流量思维，才能关注用户的体验和重视提供用户服务，以吸引更多的流量导入。

在我们的生活中随时随处都能看到以流量思维经营生意的商家。比如，有些代驾公司将刻有自家公司宣传广告的烟灰缸以赠品的形式送给了餐馆，餐馆里的客人若是喝了酒，不方便开车，那么自然会通过烟灰缸上面的联系方式，找到这家代驾公司。这也就是说，餐馆老板在接受赠品的同时帮助代驾公司拉了一波流量。

再比如，炎热的夏天，某家医院将印有“体检七折优惠”字样的小扇子递给了过往的行人，行人见到扇子并没有拒绝，因为在挥汗如雨的夏天，摇一摇手里的小扇子可以带来丝丝凉意。人们在使用扇子时，会看到体检的推广信息，有些人就会在优惠活动期间来到医院检查。就这样，医院的业绩也迎来一波增长。

当然，流量思维不仅限于线下门店，线上的很多商家也在想方设法为自己的店铺引流。比如，某大型连锁品牌月子会所会在百度、谷歌等搜索引擎上做推广，也会在手机 App 上打广告吸引用户，还会在新浪、搜狐、腾讯等门户网站写软文来引流。总而言之，引流的方式有很多种，不管使用哪一种，目的都是吸引流量，然后引导客户掏钱消费。

当然，从上面的表述我们也能总结出流量思维的基本模式：引流—变现。从引流到变现，这两个环节缺一不可，如果仅仅有引流的行为，最后无法促使用户产生购买行为，那么流量的价值就无法体现出来。了解了这一点之后，我们就要重视产品和服务的质量，让流量撑起销量，用口碑向行业“掘金”，这才是利用流量思维经营生意的正确方式。

流量思维与用户思维的区别

在互联网时代，流量就是金钱，这是每一位商家的共识。因此，很多人秉持着流量思维多渠道拉新，以此吸引大批量的客户。但是在获得大量流量的同时，能否长时间地占据流量，这是一个值得大家思考和探讨的问题。

我们拿火车站的餐饮业举例。得天独厚的地理优势，让火车站附近的餐饮行业能获取大批量的客户，尤其是节假日的时候，附近的人流量更是屡屡刷新纪录，这样的流量无疑为火车站的餐饮行业带来了巨大的利润。但很多商家觉得用户流动性强，因此不注重用户体验，频频出现坑客宰客的不良行为。随着相关负面新闻的报道增多，人们对火车站的餐饮行业的印象分逐年减少。久而久之，人们对火车站的餐饮行业产生了抗拒心理，他们的营业额也随之下滑。

由此可见，流量思维固然重要，但是如果只考虑流量思维，不顾及用户的感受，不站在用户的角度考虑问题，即无法以用户思维开展工作，那么流量注定会流失，业绩一定会下滑。我们要想避免这种不良情况出现，就要在注重流量思维的同时，也考虑更加高级的用户思维。

那么什么是用户思维呢？简单来说就是“以用户为中心”，针对客户的各种个性化、细分化需求，提供各种针对性的产品和服务，真正做到“用户至上”。用户思维与流量思维有本质的区别，下面我们从三个纬度解读一下二者的区别，以便大家对这两个概念有更深入的了解。

第一，着重点不同。

根据前面的介绍，我们了解到流量思维是以流量和流量成本为核心的，而用户思维关注的是目标用户，以及能影响目标用户的关联人群。因为二者的着重点不同，所以导致前者是急功近利的“千人吃千遍”，而后者是放长线钓大鱼式的“一人吃千遍”。换句话说，流量思维是互联网前期野蛮生长的玩法，用户思维是互联网后期精耕细作的玩法。

第二，引流导向不同。

流量思维就像在大海里捞鱼一样，捕捉到的流量越多越好。而用户思维则注重用户的精准度，即作为一个渔夫，应该以什么样的鱼饵吸引目标鱼类上钩。

第三，盈利模式不同。

流量思维通过产品本身盈利，而用户思维则是基于保持用户的活跃度盈利。例如，腾讯先通过微信吸引了海量的活跃用户，再与电商平台京东，以及打车软件等合作，以此实现盈利的目标。

如今，中国网民的增长已经接近饱和状态，互联网也从以前的流量时代转换为用户时代。所以，从流量思维到用户思维的转变成为商家的一种必然选择。通过个性化、精细化的运营给用户带来更好的体验，从而高效驱动用户转化，是当下企业迫切需要学习和理解的一大问题。

360 创始人周鸿祎在 IT 价值峰会上曾经说过："传统企业获取用户的关键是要尽可能频繁地与用户进行交互和交易，高频次的交易打败低频次的交易。用户至上，在互联网时代怎么说都不为过。"这句话很好地向人们阐述了用户思维的重要性。

那么，作为一个企业经营者，我们如何才能把"顾客生意"做成"用户生意"呢？第一步，我们要了解用户的有效信息（性别、年龄、喜好、消费习惯等），通过用户的消费行为和习惯来做精准、定向的产品推送，这样你就会培育一批私域用户。第二步，我们要想方设法建立用户对自身品牌和产品的信任度，为下一步的购买打下良好的基础。第三步，让这些有黏性和忠诚度的用户为公司的产品埋单；第四步，追销，即"一人吃千遍"，成交后让原来的用户持续购买自家的产品。第五步，让用户帮你裂变用户，以此获取更大的流量。

总而言之，流量为王的时代，没有流量思维是万万不行的。但是一味追求流量，只做一锤子买卖也不是长久之计，所以我们要学会以用户思维细化用户需求，解决用户痛点，经常给他们输送有用且有价值的信息，这样用户会变成你的粉丝，从而为其持续购买奠定基础。

正确认识公域流量和私域流量

在互联网刚刚兴起时，商家只要在电商平台上开店，就会获得源源不断的流量。可是随着时代的发展，互联网逐渐壮大起来，越来越多的商家看中电商这个赚钱的风口，纷纷涌入，成为电商平台上淘金的一员。这样一来，就会出现“僧多粥少”的情况。

为了更多地获得流量和金钱，商家会想方设法地获客。当有一天，获客成本和利润几乎持平的时候，商家就觉得一次性的买卖已经不划算了，而如何维护客户，如何让客户二次消费，也成为大家重点考虑的问题。

这就是最早期私域流量的由来。

那么什么是私域流量呢？它是和公域流量相对的一个概念。

公域流量指商家直接入驻平台实现流量转换，比如大家熟悉的拼多多、京东、淘宝等电商平台，以及内容付费行业的喜马拉雅、知乎、得到等公域流量平台。

私域流量是指从公域、它域（平台、媒体渠道、合作伙伴等）引流到自己私域（官网、客户名单），以及私域本身产生的流量（访客）。私域流量是可以进行二次以上链接、触达、发售等市场营销活动的客户数据。私域流量和域名、商标、商誉一样，属于企业私有的经营数字化资产。

为了方便大家理解，我们可以把公域比作一个商场，把私域比作商场里的门店。作为一个商家，要想把商场的流量吸引到自己的店铺，就得付出高成本。可一旦成功获取流量，你就可以直接触达客户，随时与他们互动，不需要受平台的约束和限制。

当然，更重要的是，私域流量池具有社交属性，这对于维护客户的关系，提升客户的信任度，以及促成客户的复购率大有帮助。

总之，站在商家的角度，我们会发现公域流量具有流量大、不可控以及获客成本高的特点。私域流量相对来说流量较少，但稳定、可控、方便、便宜，复购率远远大于公域流量。正因为明白了公域流量和私域流量的优势和劣势，很多商家都想把公域流量转变成私域流量。

如今搭建私域流量池，实现“公域流量私域化”，已然成为商家生存和发展的一大手段。很多商家意识到私域流量的重要性，不过因为他们对私域流量有一些错误的认知，导致他们即便搭建完私域流量池，客户的转化率和复购率也没有提升。下面就为大家盘点三种常见的关于私域流量的错误认知。

第一，为了私域流量，放弃公域流量。

前面我们认识到私域流量有很多优点，公域流量存在一些弊端。基于这种认知，有些商家就产生了这样的念头：将自己的运营策略完全从公域转向私域。这种观念是完全错误的。如果失去公域流量的助力，那么根本无法建立用户对品牌的认知。而没有了这一步，那么用户也不会对品牌产生信任和消费的行为。所以，公域流量和私域流量应该是相辅相成的，前者是后者的基础，后者是前者的补充。只有二者相互配合，才能实现更好的营销效果。

第二，搭建私域流量池的终极目的是吸引流量。

有的商家在搭建私域流量池之后，只负责拉人，不负责维护，导致客户的留存和转化很差。这是一种本末倒置的做法。搭建私域流量，目的就是通过获客转化、消费，实现客户的复购、留存、裂变，将流量价值最大化。如果达不到变现的终极目的，那么私域流量池的搭建就没有任何意义。

第三，搭建私域流量池，立刻就能变现。

客户关系的运营是一个长期的工作，客户不可能刚进入社群，或者刚进入私域流量池，就立马产生购买行为，这不合常理。我们只有真诚地为他们提供专业服务，潜移默化地获得他们的信任，他们才有可能为产品或者服务买单。

总而言之，私域流量池的搭建只是一个开始，并不是结束。在获得流量后，我们需要摒弃这些错误的认知，利用各种手段留住客户，提升转化率，这样才能为自己带来源源不断的收益。

打造个人私域流量池有哪些步骤

私域流量池是维护用户关系的一条“纽带”。没有了这条纽带的维系，个人和企业很难从存量市场中获得红利。所以，不管是个人还是企业团体，都有必要搭建属于自己的私域流量池。下面我们先从个人私域流量池的角度出发，阐述一下搭建的步骤方法，以及技巧。与企业私域流量池不同，个人私域流量池是针对个人，以微信的方式打造出的个人流量池。这种类型的私域流量适合街边的小商小贩，以及门市店铺。打造个人私域流量池，通常需要以下六个步骤。

第一，账户建设。

从腾讯发布的年报数据可以看出，微信的日活跃用户数已经达到10亿人。微信拥有如此庞大的用户群体，必然使它成为个人引流的首选工具。利用个人微信号，我们可以将消息快速、准确、及时地传达给用户。另外，我们还可以通过微信朋友圈的点赞、转发等功能，加强与用户的互动。总而言之，利用个人微信号搭建私域流量好处多多。

了解个人微信号的优势之后，我们接下来就要注册个人微信号并养号，为之后的引流做好准备。在注册个人微信号的时候，我们要设置自己的头像、昵称、个性签名、背景页等。为了让引流和客户留存的效果达到最佳状态，我们在设置这些基本资料时需要注意以下四个问题。

（1）个人头像。建议大家个人微信号的头像既不要换成与产品或服务相关的图片，也不要换成明星、动物或者卡通的图片，前者营销意味浓厚，不利于添加用户，后者给人一种不真实感，难以获取用户的信任。

（2）昵称。选择昵称需要遵守这个原则：简单好记，不落俗套。另外，昵称可以幽默诙谐一些，这样有利于加深用户的印象。需要提醒大家的是，一些生僻字，或者带有营销性质的字词千万不要出现在昵称里。因为这样会增加用户阅读的压力，也会增强用户的戒备心，不利于引流的顺利进行。

（3）个性签名。微信的个性签名可以体现一个人的形象特征。利用这个区域，我们可以为自己打造专业贴心的个人形象。

（4）背景页。在引流前期，微信的背景页最好放一些生活化的图片。在引流后期，用户累积得足够多的时候，背景页可以替换成与产品或者服务相关的图片。

账号注册完毕，我们接下来就要考虑养号的问题了。所谓“养号”，就是提高账号的权重。一般来说，账号的权重随着账号的使用时长而增加。刚开始的时候，我们不要进行如下一些违规的操作，以免账号被举报而遭到封禁。

（1）在一个月以内，每周群发信息超过两次，则被视为营销号。

（2）同质化的内容连续发布一个月，则有被封号的风险。

（3）账号频繁被拉黑，且拉黑次数超过 30 次 / 月，则有封号的风险。

（4）异地登录之后，主动或者被动地频繁添加好友，频繁发朋友圈，都属于违规操作。

（5）使用第三方软件，被微信平台检测出来，也有封号的风险。

（6）短时间内向好友，或者微信群发布大量的信息，被视为营销号，有可能被平台封禁。

（7）频繁进行好友助力等行为，或者转发未知的网站链接，也是不被允许的。

（8）朋友圈被 100 人屏蔽，有可能被封号。

第二，打造个人形象。

独特的个人形象有利于加深用户对运营者的印象，也有利于加速个人 IP 或品牌的形成，更有利于后期的引流变现。作为一个私域流量的运营者，我们应该怎么样打造个人形象呢？

首先，我们要给用户传递专业能力很强的信息。这样的专业形象可以帮助我们更好地说服客户，也可以树立个人的威望，以赢得用户更多的尊重。

其次，性格和爱好最好与用户同频，这样双方能有聊不完的话题，从而建立信任。

第三，推广引流。

注册了个人微信号之后，就要把用户引导这个“蓄水池”里。那么在搭建私域流量池的过程中，我们可以采用哪些方式引流呢？首先，我们需要撰写一些文字广告（软文）或者制作一些短视频，然后将它们发布到各个公共平台。比如，豆瓣、微博、小红书、58同城、知乎等。借助这些渠道，我们可以获得一些曝光量。其次，我们还可以去别人的私域流量池中“截流”，以此达到吸引客户的目的。最后，我们还可以通过老带新的模式裂变出更多的客户。关于这三种引流推广的模式具体应该如何操作，我们在后续的章节中进一步说明。

第四，布局朋友圈。

朋友圈既可以帮助我们传递产品信息，又可以帮助我们传递感情，维护与用户的关系，正可谓一箭双雕。

在日常的朋友圈布局中，我们可以发布以下五个方面的内容。

（1）分享自己的生活。比如“最近很迷恋虾仁汤，感觉自己一天三顿都吃不够”。这种没有营销性质的内容更容易获得用户的喜爱。另外，生活化的记录也可以给用户留下真实可信的印象。

（2）工作的日常。朋友圈如果仅仅发布一些日常生活，那也无法起到很好的营销效果。所以，一些必要的工作日常还是需要晒出来的。只不过，跟产品和服务相关的内容，一定要软性植入，这样才不会引起客户的反感。

（3）利用权威的人或物背书。为了建立用户的信任感，我们可以利用一些权威的人或者物为自己背书。比如“感谢 ×× 机构对我们的信任，益生菌酸奶，团购走一波”，有了权威机构的背书，产品和服务就多了可信度。

（4）晒客户的反馈。比如“突然翻到两年前某某客户的健身效果图，记得她坚持健身两个月就有了明显改变。现在两年过去了，她仍然坚持健身的习惯，自信潇洒的模样真的很让人羡慕”。下面再配上与内容相关的图片。这样的客户反馈有利于加深潜在用户的信任感。

（5）发表一些关于成长励志的内容。比如：“我们给生活多少耕耘，生活就会赏赐我们多少果实，最好的风景，一定在未知的远方。”“女人不必生得惊艳，但是要活得精致。这一生唯有美这件事，不能妥协。”类似这样的话能戳中用户的痛点，激发他们内在的动力。

总而言之，我们在打造朋友圈的时候一定要寻求营销与情感之间的平衡，这样才有效。另外，在朋友圈内不能出现诋毁同行，凸显自己的行为，这样会引得客户反感。

最后提醒大家，发朋友圈的时间最好选择在目标用户闲暇之余，这样你发布的内容才不会被其他朋友圈的信息覆盖。

第五，社群维护。

当个人的私域流量池被灌满后，我们可以把客户集中在一个社群里。这一步的目的是实现用户的留存，从而为后续的变现打好基础。

一般来说，每个社群都有一定的生命周期，会经历起步期、成长期、稳定期、衰退期四个阶段。为了延长社群的生命，提升用户留存的效果，我们可以采取以下三种方法和策略。

（1）给用户必要的入群仪式感。新用户入群之后，我们可以给他们发一个新人红包，或者发布一些欢迎词语，以示尊重和重视。另外我们还需要告知用户社群的规则和玩法，以便用户更好地融入这个小小的集体。这些做法都能帮助我们拉近与用户之间的心理距离。

（2）定时向社群输出有价值的内容。输出的内容可以是一些资源，也可以是一些话题，可以是一些行业核心人物的经验总结，还可以是一些社群成员的心得体验。通过这些内容的输入，可以让用户感受到社群的价值，记住社群的存在，有利于后续的留存和变现。

（3）策划一些社群活动。比如，每日签到、积分兑换、有奖问答等，这些活动可以很好地激发社群的活力，也能让用户对社群产生依赖和信任。

第六，用户管理。

要想让私域流量池里的用户发挥出最大的价值，我们需要多与他们沟通，沟通的过程中多几分关心，少几分营销，这样能更好地构建双方信任的桥梁。前期有了感情和信任的积淀，后期才能让用户主动为你的产品买单。

另外，我们还需要对私域流量池中的用户进行标签分类，根据他们不同的需求和特征，为他们提供不同的话术和服务，实现经济利益的最大化。

打造个人私域流量池是一个长期且艰难的过程。在这个过程中，大家不能急于求成，更不要半途而废。很多时候，只要我们肯按照正确的运营方式坚持下去，未来就会有很多变现的可能。

企业搭建私域流量池的正确方式

搭建属于自己的私域流量池如今已经成为各行业企业的一种趋势。很多明智的企业都认识到私域流量的重要性，所以纷纷出钱出力搭建私域流量池，以求将用户抓在自己手里。

与个人私域流量池相比，企业搭建起来的私域流量池规模更大，运营更加专业。从搭建模型来讲，前者或许只需要一个个人微信号和一个微信群即可，而后者则需要批量注册微信号，批量打造微信群、微信公众号。另外，有的企业目标用户多，业务量大，还需要开发专门的 App 来承接这些私域流量。

因为企业的私域流量多，规模大，所以不仅搭建的模型比较复杂，而且准备工作很多。一般来说，要想构建企业的私域流量池，前期这三个准备工作不能少。

第一，确立企业私域流量池运营的目标。

通常来说，企业运营私域流量池，无非就是想把客户沉淀在自己的专属领地，然后不断地互动、维护、了解需求、拉近关系，和客户建立起情感链接，终极目的就是让企业实现私域流量的持续变现。

为了达成这一目的，企业需要事先做很多准备工作，比如分析企业自身的产品情况、客户管理情况，以及竞争品牌的情况等。

第二，建立团队。

明确了企业私域流量池运营的目标之后，企业需要建立专业的团队。有了专业团队的助力，决策者制定的各项目标才能落地执行。一般来说，企业私域流量池运营团队包括内容组、推广组、活动组、社群组和运营组。对于普通的小企业而言，有了这些人才就能够搭建起一个完整的私域流量池运营团队，但是对于体量较大的企业，则需要从外部专门引进专业人才，或者通过专门的培训机构提升团队内部的专业能力。

第三，制定私域流量池运营流程。

通常来说，一个企业私域流量池的运营大多围绕着这个流程展开：拉新—促活—留存—转化—传播。确立了大概流程之后，我们还需要进一步细化其中的每个步骤。比如，拉新是采用免费的方法，还是付费的方法；引流拉新需要依靠哪些平台和渠道；用户留存采用哪几种模式；客户传播裂变的方式又有哪些。将这些流程中的每一个细节都考虑规划清楚，一幅清晰流畅的运营流程图就展现在我们的眼前了。

以上就是企业搭建私域流量池时需要做的工作。和个人私域流量池一样，企业的私域流量池搭建完毕，也不能急于求成，刚开始运营的时候，不要老想着在同一批用户身上“薅羊毛”，实现后续的高转化、高裂变、高口碑、高复购才是企业私域流量池运营的真正目的。

另外，企业有了私域流量池之后，并不意味着一定要放弃公域流量的付费推广活动。要知道，私域流量的运营是一个复杂而漫长的过程，在此期间，企业一定要有耐心，从获客到沉淀，从沉淀到激活，从激活到复购，需要一定的过程。运营人员耐得住性子，才能赚大钱。

第二章
玩转流量思维，先要解锁这些核心技能

价格定得好，流量少不了

当我们外出逛街的时候，经常会在街边的商店橱窗里看到打折的消息，尤其出现“清仓处理”“全场100元3件衣服”的字样时，商店就会被围得水泄不通。为什么会出现这样的场景呢？因为人们觉得此时的价格非常便宜，占不到这点便宜就像吃了亏一样，于是争先恐后，一拥而上。

从这里我们也能看出，影响流量很关键的一个因素就是价格。尤其是对于那些预算有限的人而言，只要商品的质量不是很差，而且价格便宜，他们都愿意购买。但是对于那些注重商品品质，或者炫耀性消费的人群来说，商品的价格定得越高，越能激发他们的购买欲望。

所以，大家在利用流量思维经营生意的时候，一定要重视产品的价格。合适的定价会直接刺激人们的购买行为，也能为自家的店铺带来一大波流量。

那么，在引流过程中，有哪些好的定价策略呢？下面我们分别从三类不同的产品加以说明。

第一，引流款产品。

顾名思义，引流款产品就是用来给店铺引流的产品，这类产品一般具有利润低、转化高、风险大的特点。虽然这类产品后期可能会出现差评，但不可否认它的存在会给店铺增加很大的曝光度，也会提升店铺的人气，更加会为店铺增加一大批流量。

引流款产品的定价势必会很低，在保障成本的基础上，几乎不考虑利润，必要的时候，有些商家甚至做好战略性亏损计划。那么这类产品应该如何定价呢？最低应该低到什么程度呢？一般来说，它们的定价需要参考同类产品的定价。同类产品中卖得比较好的产品的价格就是引流款产品定价时的参考对象。

这类产品虽然引流效果很强，但是利润极低，所以将流量引进来之后，一定要及时合理地加以引导，争取让客户的注意力多在利润款产品停留，这样才能为店铺争取到更多收益。

最后要注意的是，引流款产品虽然打的是价格战，但是产品的质量不能太差，否则会影响客户的购买体验，而客户一旦对店铺中的某一件商品失望，那么无疑会给这家店铺贴上一个负面的标签，这样一来，他们的回购率几乎为零，而店铺也会因此损失一定的流量，极不利于后期的发展。

第二，活动款产品。

活动款产品和引流款产品虽然价格都不高，但是二者还是有一定区别的。前者的功能是为店铺吸引流量，引进更多的意向客户，后者的功能是清理产品库存，提升店铺热度。

活动款的定价方法：多找几个同类产品中销量差不多的产品，然后将这些产品的价格作为活动款定价的依据。值得一提的是，活动款产品的价格虽然影响销量，影响排名，影响流量，但是不能为了销量不断压缩利润，否则有可能赔进人工成本，得不偿失。

第三，利润款产品。

利润款产品是店铺必不可少的，它存在的目的就是盈利。这一类产品具有质量好、转化率低、退货少、备货压力小、利润大的特征。为了将前期引流款所带来的流量进行深入转化，我们需要将此类产品的优势和特点通过图文或者视频的形式充分展现出来。另外，你可以做好搭配方案和关联销售，只要利润款产品的质量过关，也能激发用户的购买欲。

利润款产品的定价用的是“0.618 黄金分割定价法则”。那么这个法则如何理解呢？黄金比例在数学上的定义是这样的：它是指事物各部分间一定的数学比例关系，即将整体一分为二，较大部分与较小部分之比等于整体与较大部分之比，其比值约为 0.618，即段长为全段的 0.618。0.618 被公认为最具有审美意义的比例数字，因此被称为黄金分割。

利润款产品的定价策略是：

高端价格=（价格段最高价格–最低价格）×0.618+最低价格

低端价格=（价格段最高价格–最低价格）×0.382+最低价格

这里的价格段指的是搜索关键词，按照综合排序找到的点击占比最大的价格区间。

利润款产品的价格虽高，但是并不意味着一定会吓跑顾客。“便宜没好货”是刻在消费者脑袋里的一个固有认知，如果你的产品价格定得太低，反而会让一些有购买意图的客户裹足不前，他们会认为这个产品肯定有问题，要不然为什么会以这样低的价格出售。所以从这个角度讲，一些高价位的利润款产品反而更容易获得客户的青睐，从而获得更高的流量。

以上便是商家为了引流常用的一些定价策略。另外，为了更好地抓人眼球，商家在定价时的遣词造句也很有讲究，比如“亏本处理”就比“原价 200 元，现价 150 元”更有吸引力；再比如，定价“59.9 元”比定价“60 元”更容易让人接受。

总而言之，价格是影响流量很重要的一个因素，如何给商品定价是每一位商家都应该着重考虑的问题。在定价的时候，为了让流量最大化，商家需要根据自己的产品、店铺定位，以及产品面对的消费人群的特征和需求综合考虑，这样才能获得更多的收益。

长尾理论：发掘80%流量的潜在价值

19 世纪末 20 世纪初，意大利经济学家维弗雷多·帕累托发现一个重要定律：二八定律。在任何一组东西中，最重要的只占其中一小部分，约 20%，其余 80% 尽管是多数，却是次要的，这个现象被称为二八定律。在传统的营销行业中，企业认为自己只要抓住那 20% 的重点用户，认真关注他们的核心需求，努力提升他们对品牌的认可度和忠诚度，就能获得不错的收益。

但是只关注那些举足轻重的“头部”而忽略那些微不足道的“尾部”真的是一个绝对正确的选择吗？或者说剩余的 80% 的人真的就无法为企业创造巨大的价值吗？答案当然是否定的。

2004 年，美国《连线》杂志主编克里斯·安德森在一篇文章中提出“长尾理论”，这个理论认为只要产品的存储和流通的渠道足够大，需求不旺或销量不佳的产品所共同占据的市场份额可以和那些少数热销产品所占据的市场份额相匹敌甚至更大，即众多小市场汇聚可产生与主流产品相匹敌的市场能量。换句话说，那些所有不流行的产品市场累加起来，就会形成一个比流行产品市场还大的市场。那些看起来需求和收益不大的长尾部分只要充分利用起来，其价值未必会比头部差。

举个简单的例子。很多年以前，传音创始人竺兆江在开拓海外市场的时候，选中了当时还很贫穷落后的非洲。刚开始，对于他的决定其他人都不看好，因为大家觉得那里的经济水平有限，人们的工资和购买力都不太好，再加上当时苹果、三星、诺基亚等大品牌都已进入当地市场，传音入驻非洲之后，如何在这竞争激烈的市场环境中分得一杯羹呢？

然而，竺兆江却不这样认为，他觉得尽管大品牌已经占据了非洲大城市的销售市场，但是非洲的二三线城市和贫困地区依旧对手机有一定的需求量，于是他秉着这一理念，不遗余力地开拓着不被重视的“尾部”消费者。结果，传音借助这些低端市场一举成为在非洲独占鳌头的手机品牌。

再比如，在淘宝平台上，所有小商家贡献的交易额加起来远远比知名品牌商家的交易额要多；在拼多多平台上，那些小众化的产品，虽然对普通客户而言需求量不是很大，但是放在拼多多这样一个用户众多的大平台上面，也有很大的搜索量。这些长尾产品市场需求精准、竞争压力小，转化率高，相关卖家因此获得不菲的收益。

上面这些案例告诉我们：把握住处于“尾部”的那 80% 的人，重视他们的需求，同样也可以创造巨大的价值。那么，商家应该怎么利用长尾理论为自己争取到更多的流量和收益呢?

第一，满足客户多样化的需求。

研发不同的产品满足消费者的不同需求，是实现品牌长尾化的一种有效方法。

近年来，随着热门小说IP不断被翻拍成电影、电视剧、动漫，某商家瞄准商机准备开发一款热门的阅读App。那么开发出来的阅读App如何才能满足不同用户的不同阅读需求呢?首先，他们将功能细化，在App里添加了小说阅读、有声阅读、漫画阅读、读者圈子等功能；其次，他们给用户提供了不同的字体、段落布局、翻页特效等，满足了不同用户的阅读需求；最后，他们按照用户的性别和喜好，提供了不同的频道。结果，这款App开发出来后，多元化的功能果然为不同的客户都提供了满意的体验，获得了大众的喜欢和依赖。

第二，人为地创造消费者需求。

我们都知道，要想让马饮水，与其强摁着头，不如事先多给它喂点儿盐。同样的道理，要想让顾客为你的产品买单，与其苦口婆心地劝说，不如为他们创造需求。

还记得益达口香糖的广告词吗?“饭后嚼益达，对牙齿好”“我知道，要两粒在一起才最好”。客户本来没有饭后嚼口香糖的习惯，但是益达口香糖广告给大家创造了嚼口香糖保护牙齿的需求，于是消费者便有了购买的理由。

第三，多渠道推广。

那些小众化的产品本来需要的人就不多，如果不加大力度推广，就很难获得流量。所以，长尾理论要求商家建立强大的宣传渠道，有了多个宣传渠道作为依托，才能获得更多的曝光和流量。一般来说，常用的宣传渠道有网站、博客、微博、微信公众号、论坛、群组、短视频平台等。商家可以根据用户的属性以及平台的特点，选择多个合适的宣传渠道。

在移动互联网时代，长尾理论对于企业的发展具有很重要的参考价值和意义。聪明的商家会吸引并抓住那些“尾部”用户，获得更多的流量。有了大批流量加持，他们能将“尾部”用户的价值最大化，从而实现丰厚的经济利润。

流量争夺战的制胜砝码：让消费者主动传播

在互联网流量争夺战中，消费者的影响力和传播力不容小觑。很多精明的商家都意识到这一点，于是想方设法调动消费者的积极性，努力引导他们为自己传播产品的相关信息，以此达到引流的目的。

与商家“自吹自擂”式的营销方式相比，很显然，消费者的评价更具有说服力。如果商家能争取到消费者的助力，那么传播效果和有效程度都比自己宣传要好太多。

比如同样是对一件羽绒服的描述，商家的宣传推广语是这样的：“90%的含绒量，轻柔隔热，独特蓬松，吸湿排汗，‘羽’众不同，温暖用‘芯’。”而消费者的评价是这样的：“这件羽绒服的做工很好，穿着也轻松暖和，而且一点儿也不臃肿，拉住拉链，板型就出来了。对得起这个价格，值得购买！”

如果你是一个对羽绒服有需求的人，那么你显然会更愿意相信后者的评价。这段评语虽然没有前者的语言华美、凝练，但是它胜在真实，接地气，没有自吹自播的嫌疑，给人一种真实感和可信感。

基于消费者传播的优势，我们应该充分利用好微信群、朋友圈等工具，争取更多的消费者为我们做宣传推广，这样流量很可能出现一传十、十传百、百传千、千传万的裂变增长。

拼多多在成立之初并没有多少用户，但是它懂得利用“拼团”手段，促使消费者主动分享，以此来拉拢更多的顾客。在此过程中，拼多多聚集了一大群有同质化需求的客户，从而收割了巨大的流量，因此在短时间内迅速成为一个爆火的电商平台，赚得盆满钵满。

利用消费者传播引流的方法虽然效果极佳，但需要我们具备正确的认知和方法，否则很难达到预期效果。

首先，我们应该了解有效传播的四个步骤。

（1）明确目标客户。在信息传播之前，我们先要确认一下目标受众究竟是哪一类人，即潜在的购买者是哪些群体，只有确定了目标受众，我们才能进一步决定传播的内容、形式、时间、渠道等。

（2）确定传播目标。传播目标是指策划活动者所要达到的预期指标。比如对广告信息的视听率、阅读率和注意、理解、记忆、反应等内容。

（3）设计传播。为了更好地提高品牌的知名度和美誉度，也为了让消费者更好地了解产品和服务的相关信息，我们事先需要设计好传播的内容和信息的表达方式，确保传递出去的信息具有专业性和可信度，同时保证它能受到目标客户的喜爱。

（4）选择渠道。可供信息传播的渠道有很多，可以选择微信群传播，也可以选择朋友圈传播，还可以利用大幅度的优惠去促使人们拼团等。不管使用哪种渠道，大家一定要记得给消费者一定的好处，这样他们才有主动传播的动力。

了解了有效传播的步骤之后，我们再来看一看传播的方式。一般常见的传播方式有以下三种：

（1）主动传播。某次购买活动给消费者带来非常愉悦的体验，于是他们会和亲朋好友分享，告诉大家某家店铺的东西物超所值，买得非常划算，然后鼓励有同样需要的人们也可以去这个店铺试一试。这种行为属于主动传播。

（2）被动传播。在朋友圈我们经常可以看到类似这样的信息：“××自助烧烤店，59.9 元一位，龙虾、烤串、点心、水果、精品凉菜等免费享用。另外，指定酒水无限畅饮。即日起到 10 月 7 日，活动期间，转发此消息到朋友圈，集满 30 个赞，可享受八折优惠，欢迎大家组团给年轻的老板上一课。”这种消费者被利诱而产生的分享行为称为被动传播。

（3）大众传播。在微博、短视频、公众号等平台有很多的知名大 V，他们既可以是消费者，也可以是很好的宣传推广者，利用他们的影响力，商家也可以达到很好的引流效果。这就是大众传播。

以上是三种常见的传播方式。商家不管采用哪种传播方式，都要想办法吸引消费者的眼球，建立消费者的信任，打动消费者的内心，否则很难引导他们完成传播。

选对行业才能引爆流量

著名投资家查理·芒格有两条非常著名的钓鱼原则：第一条，在有鱼的地方钓鱼；第二条，记住第一条规则。他的话告诉我们：如果你身处竞争极其激烈的环境中，那么如何选择非常重要。如果你选择一个鱼儿稀少的地方，那么即便你的钓鱼工具再先进，钓鱼技术再厉害，收获也少得可怜。但是如果你能找一个鱼儿密集的地方，那么即便你的垂钓技法很差，钓上鱼的概率也会很高。

同样的道理，引流犹如钓鱼。如果你选择一个流量基数小、用户需求量小的行业，那么即便你使尽浑身解数，吸引到的流量依旧不尽如人意。

比如，你从事的是机械售卖行业，因为大型的机械设备是用于生产或辅助生产的工具，属于耐耗品，一台机械设备买回去之后，使用年限少则十年，多则几十年，这种情况下，人们的需求量自然不会很高，而且更重要的是它不是人们生活中的必需品，使用和购买大型机械设备的商家也是屈指可数的，所以这个行业的流量自然不会太多。当你从事这个行业的时候，你会发现自己即便投资大量的钱财做推广引流，获得的流量也没有那些易耗品的自然流量来得多。

相反，如果你售卖的是一些生活必需品和易耗品，那么即便不用费力营销，客户也源源不断。比如，那些街边的瓜果蔬菜店铺，因为每个人每天都需要吃饭，所以人来人往，从来不缺乏流量。再比如，你从事的行业跟娱乐、体育、餐饮等相关，那么流量基数自然也很大，因为这些领域的受众比较广，不管什么年龄、什么性别、什么职业的人都对这些内容感兴趣，所以流量自然源源不断。

在信息高度发达的时代，流量对于商家而言是生存和发展的根本所在。我们要想在竞争激烈的市场中分得一杯羹，那就尽量选择一个流量基数大，容易获取流量的行业或者赛道，否则很有可能亏得血本无归。

小微是抖音平台的一位内容创作者。刚刚入驻平台的时候，她因为写得一手好字，所以直接进入抖音书法字画的艺术赛道。为了实现引流变现的目的，小微在创作内容的时候十分用心，不管是选题、拍摄，还是剪辑、运营，她都想得面面俱到，为了让视频更具吸引力，她常常半夜三更还在想创意。可即便这样努力，粉丝上涨的速度依旧很慢。

时间一天一天过去了，她的账号并没有做大做强，店铺的流量也少得可怜。看着颗粒无收的惨淡结局，小微终于撑不过去了。她知道自己再不转行，家里的房租都交不起了。然而，就在她打算面试找工作的时候，偶遇了一个从事新媒体行业的朋友，这为她的事业带来新的转机。

朋友了解了小微的情况之后，建议她换个赛道，做一个搞笑领域的博主。因为朋友很清楚，小微浑身散发着幽默的细胞，虽然没有经过专业培训，但是说学逗唱样样精通。如果小微能拍一些有意思的段子，那么势必会受到大群粉丝的追捧。

“最重要的是，搞笑领域受众广，现在人们生活压力这么大，大家谁都想在工作之余看看搞笑愉快的段子，放松一下身心。等你粉丝量积累到一定程度后，就可以带货，接广告，那时候收入绝对比你上班要挣得多。”朋友为她分析得头头是道。

小微在朋友的建议下，也转变了自己的想法。这次，她抱着试一试的态度，重新投入短视频搞笑领域。刚开始，她拍的段子并没有多少点赞量，但是她并没有放弃，而是用全部时间和精力打磨自己的作品，不管是表情、动作，还是台词、剧情，她都精益求精，力求达到能力范围内最好的水平。

功夫不负有心人，经过一个月的努力，她的粉丝量涨到了七十万。面对着巨额的流量，她一边带货，一边帮品牌做宣传推广，获得了很满意的收入。

有句话叫“男怕入错行，女怕嫁错郎”。在我们就业或者创业的过程中，选对行业很关键。如果我们选择的行业受众小，需求量低，流量差，那么存活的概率会很低。你只有费尽全力，做到头部的位置，才有可能获得不错的收入。但是如果你换个思路，就像案例中的小微一样，在结合自身优势的同时，找一个容易获得流量的领域，那么即便身处竞争激烈的行业，依旧能分得不错的流量和收益。

第三章
四项定位法，唱响引流前奏曲

找准自我定位，并植入用户心智

如今，琳琅满目的商品摆放消费者的眼前，早已让他们目不暇接，如何让自身的品牌以及产品突出重围，走进客户的内心，这对于每个商家都是一个重大的考验。

其实，要想在竞争激烈的市场上，率先抢占用户的心智，首先要给自己一个准确的定位，即给自己贴一个标签，让客户知道你是谁，是干什么的，你的优势在哪里，能为他们解决哪些痛点。你只有明确了自己的定位，有了一定的辨识度，用户在有需求的时候才会第一时间想到你的品牌和产品。比如，农夫山泉水的广告语是这样的："我们不生产水，我们只是大自然的搬运工。"这句话凸显了农夫山泉"天然水"的定位，贴了一个"天然健康"的标签，这使得用户能够准确地将它与竞争对手区别开来，拉开了与竞争对手的距离，在用户心中占据了特殊的地位。

总而言之，在流量为王的时代，找准定位，在用户头脑中建立起独特的品牌形象，是占据用户心智的一个必要环节，也是获取流量的重要手段。在搭建私域流量之前，你可以通过以下三种方式为自己定位。

第一，全面客观地进行自我分析，找到优势所在。

在短视频平台上，我们可以刷到很多专业性很强的百万级博主，他们中有的人舞姿轻灵，看得人如饮佳酿，醉得无法自抑；有的人唱歌绵言细语、宛转悠扬，一曲听罢，余音绕梁；有的人于烹饪上游刃有余，不消半刻，便能做成一道道美味佳肴；有的人目若星眸、眉似远黛，犹如出水芙蓉、清纯可人，她们出镜不需要干点什么，只转头轻轻一笑，便能收获万千网友的狂欢和点赞……

我们会发现一个现象：那些短视频创作者们之所以出现现象级的涨粉高潮，很重要的一个原因是他们自身有一定的专业优势，这些优势和技能必然是常人所不能及的。正因如此，他们才给粉丝留下深刻的印象，才给了粉丝关注和点赞的理由。要想打造私域流量池，你一定要明白自己的优势在哪里，借助自身优势不断尝试和突破，未来才能挖掘到更多的潜力，才能有效确立自身在用户心智中独一无二的地位。

第二，自我定位要考虑用户的需求。

为了顺利达成变现的目的，个人定位必须站在满足消费者需求的立场上。比如，你是一个母婴博主，那你更新的内容必须满足宝妈们的心理喜好，人物形象必须符合她们的审美和心理认知。如果你无法获得她们的认可，那么很显然也无法走进她们的内心。

好的定位符合用户需求，并且能给大家留下深刻的印象；而不好的定位则模棱两可，让用户搞不懂这个品牌究竟是卖什么的，也不明白他们的品牌优势究竟是什么。

第三，自我定位要实现差异化。

在内容同质化严重的今天，你要想脱颖而出，必须做到“人无我有，人有我优”，否则很难吸引用户的眼球。比如，在短视频平台，美食这个赛道已经“内卷”得非常严重，有的人为了向用户展示出一个独一无二的自我，获得更好的流量，摒弃了常见的食材，转而烹饪稀奇古怪的食材，比如牛皮。当然，除了食材的新奇，剪辑手法也有创新。比如有些博主利用定格动画的方式为大众呈现出做饭的整个过程，这种新奇的做法，配上合适的音乐，也能吸引一大波粉丝。

另外，为了与其他账号区分开来，还有的人以特定的形象出镜烹饪食材，或者在制作美食的过程中加入一些美食背后的温馨故事，依靠美食传递出满满的爱和温暖，也能收获众多粉丝。

以上就是自我定位的一些方法，大家在搭建私域流量池之前，可以通过这些方法做好定位，依靠高辨识度的人物形象，可以帮助你打破同质化的桎梏。另外，大家需要注意的是自我定位并不是一成不变的，打造私域流量池是一个长期的过程，在此期间，大家可以根据自身发展的需求不断调整，这样才能在引流的路上走得更顺畅。

简单三步，小白也能轻松做好用户定位

很多人在运营私域流量池时，总是从自身的角度出发考虑问题，而忽略了用户的情况，这就导致后期出现了一系列棘手的问题：花大量时间吸引过来的粉丝一点都不精准，导致成交率很差；产品信息给客户发了一遍又一遍，但是从来没有得到回应，最后对方不胜其烦，直接将你拉黑。为了避免这种糟糕的情况出现，我们在做引流之前，不仅要对自己的品牌有清晰的定位，而且要对用户有精准的定位。

那么如何做好用户定位呢？首先要考虑自己的产品或服务面对的对象是哪一类的人，即做好用户画像。何为用户画像呢？它是指建立在一系列真实数据上的目标用户模型。

一般来说，构建用户画像可以从以下五个纬度出发。

（1）人口属性：即用户是谁，包括用户的性别、年龄、地域、受教育程度、职业等。

（2）消费特征：包括用户的收入水平、消费的习惯、购物的频次以及购物的渠道等。

（3）兴趣爱好：包括用户的个人兴趣、品牌偏好、产品偏好等。

（4）社会属性：包括婚姻、家庭成员、社交情况等。

（5）产品使用习惯：包括用户使用购物软件的频率、时间段、时长、形式（线下、手机、电脑、App、小程序等），以及使用时有无分享、付款、留言等习惯。

构建用户画像，其实就是将用户数据标签化的过程。举个简单的例子：如果你是一个卖婴幼儿纸尿裤的商家，那么你的用户定位就是那些家有0~3岁的孩子的宝妈，用户画像大致是这样的：20~30岁的妇女，已婚，收入水平较低，喜欢上网，网购的时间段集中在每天下午2~5点和晚上10~12点，习惯关注母婴类的产品，对性价比较高的东西感兴趣等。

构建用户画像后，我们就能在策划活动、编辑文案、设计产品时围绕用户的真实需求展开，而不是凭借个人的喜好。另外，有了清晰的用户画像之后，可以让产品的目标用户更加集中，这样一来，更有利于精准引流，也有利于提升客户的成交率。

在明确了目标用户是谁之后，接下来就要考虑这些目标用户从哪里来。一般来说，精准获取用户的渠道通常有以下三种。

第一种，同行业的平台。同行业的平台上有很丰富的客源，你可以通过这些平台挖掘到精准的客户。比如，你是一个卖汽车配饰的店主，平常你可以去相关的汽车软件、汽车论坛、汽车网站、汽车社群等地方转一转，从这些地方可以找到你的目标用户。

第二种，竞争对手。比如，你是一个美食领域的从业者，那么你可以在平台上同赛道的其他账号里寻找对美食感兴趣的人，这里就是精准用户扎堆的地方。

第三种，用户类型相似的商业伙伴。比如，你是一位儿童服饰店的老板，那么你的目标用户也会集中在儿童摄影店、母婴用品店、儿童培训机构等。这些商业伙伴与你没有利益冲突，有的只是相似的用户群体，只要有恰当的合作模式，双方都可以实现共赢。比如，你可以到母婴用品店和他们的负责人商议，凡是从母婴用品店介绍过来的客人，都可以享受 8 折的优惠价格，或者消费满 200 元，可以赠送该客人价值 50 元的棉背心。这样的合作模式，可以无形中为你增加一大笔收入。

在用户定位中，确定了“我找谁”“他从哪里来”的问题之后，我们接下来要考虑的是用户为什么要来，这涉及用户的需求问题。用户的痛点和需求是后续留存和变现的关键所在，所以在做用户定位的时候，也需要提前明确用户的需求。我们只有弄明白用户关注的重点以及其行为背后的原因，才能进一步通过精细化的运营更大程度地挖掘其潜在价值。

我们要认识到，用户早已成为了商业的主导方。所以，在引流之前，我们一定要做好目标用户的定位，只有这样我们才能节约时间成本，与用户高效沟通，从而实现经济利益的增长。

做好内容定位，更容易赢得客户青睐

随着各类信息越来越庞杂，人们渐渐对看到的内容建立了固有的“免疫系统”。要想把客户吸引过来，势必要输出优质的内容，因为只有优质的内容才能吸引，并留住更多的流量；只有优质的内容，才能打动客户，并使得其与产品建立起联系。

那么在引流拓客的过程中，什么样的内容才算是优质的？什么样的内容才更容易赢得客户的信赖呢？这就要求我们提前给自己的内容做好定位，这样才能有的放矢地抓住客户的“芳心”。如若不然，很有可能在引流的时候东一榔头西一棒槌，偏离了主线，最后达不到高效且精准引流的目的。

那么什么是内容定位呢？即明确自己的内容边界，知道什么能写，什么不能写，能写的内容要以什么样的风格和形式呈现给众人。一般来说，优质的内容通常要和目标客户的需求紧密相连。

粉丝量千万级的母婴博主“× 糕妈妈”服务的是一群 25~40 岁的女性。为了紧紧抓住这些目标用户，她产出的内容都围绕着她们的需求。比如 2022 年 8 月，她的公众号就更新了一篇文章，标题为《想要孩子上学更受欢迎，3 岁后就要重视这个问题，处理不好会影响娃的社交》。这篇文章写的是孩子的虚荣心和炫耀行为，这些心理状态和行为习惯是孩子们日常生活中常常会表现出来的，如果家长没有正确引导，会影响孩子以后的人际关系，所以，宝妈们非常关注这个问题。

为了让宝妈们更好地了解孩子的这个问题，“× 糕妈妈”的这篇文章重点阐述了孩子“虚荣”“炫耀”背后的三个真正需求：第一，孩子通过表现自己，想获得一种被肯定的满足感；第二，孩子的炫耀行为是为了更好地吸引同伴的注意力，从而快速融入集体；第三，孩子强调自身价值，往往是想补偿自己缺失的关注和爱。针对孩子行为背后的这三种需求，“× 糕妈妈”还科普了正确的引导方法。最后，她贴心地告诉大家：“喜欢‘炫耀’的孩子有一种特别的能力，就是他们特别懂得如何让别人看到自己的价值。这是他们身上的宝贵资源，也是日后在社会中竞争的强有力武器。”这段话无疑为那些焦虑的家长服下一贴安慰剂，有效缓解了妈妈们的焦虑心情。

分析“× 糕妈妈”的这篇文章，我们会发现全文都紧贴妈妈们的需求，不论是开头分析孩子“虚荣”“炫耀”背后的原因，还是中间告诉家长正确的引导方法，抑或是结尾处安慰式的话语，都是妈妈们内心想知道或者想听的话。

当然，妈妈们急切关注的问题还不限于孩子的“虚荣”“炫耀”心理，关于孩子的吃穿住行、兴趣爱好、教育心得以及婚姻的经营之道都是妈妈们感兴趣的话题，所以围绕着这些，“× 糕妈妈”也写了很多实用性和趣味性很强的文章。

因为这些干货满满的文章紧紧地抓住了目标用户的需求，所以“× 糕妈妈”很自然地成为她们的心头好。而对于自己喜欢的东西，妈妈们也会不遗余力地点赞、分享、评论、收藏。在此过程中，“× 糕妈妈”依靠优质的内容输出成功建立了目标客户对自身的信赖，同时依靠这些目标用户的转发和口碑，获得了更多的流量。

内容输出除了要和客户的需求有所关联，还要懂得“蹭”热点话题。众所周知，热点话题是提高品牌和产品曝光度的好方法，也是引流拓客的制胜法宝。所以，聪明的商家喜欢利用热点话题给产品引流。

虽然“蹭”热点是引流的一种重要手段，但是在使用的时候也要保持的理性，对于那些涉及法律、法规、道德伦理、国家政治、民族利益等内容尽量不要去触碰，否则很容易因为内容的敏感性导致自己“翻车”。此外，热点也不能随便乱“蹭”。对于那些与自己账号定位毫无关联的热点，根本没必要去“蹭”，因为这样根本无法帮助你获得精准粉丝。最后，“蹭”热点的时候，一定要抓住热点中的亮点，否则你创造出来的内容根本没有吸引力，也无法获得大批流量。

内容定位除了明确内容写什么的问题，还要确定内容的风格。那么内容具体以什么样的风格呈现给大众呢？这个还要根据自身的优势、产品的特性，以及目标用户的喜好确定。比如，你宣传推广的产品是散发独特古典韵味的旗袍，那么你的视频风格也一定要雅致、大气；如果你的目标受众是一些朝气蓬勃的年轻人，那么你的内容风格可以风趣幽默一些；如果你本身是一位文艺青年，且文笔优美，才华不俗，那么你的内容风格可以浪漫唯美一些。

明确了内容边界，内容的风格之后，我们还需要确定内容的表现形式。一般来说，任何表现形式都是为内容和主题服务的。为了更好地凸显主题，有效吸引用户的目光，我们可以采用多种表现形式。比如，在一篇爆款公众号的文章里，我们不仅可以看到一行行的文字，还可以听到声情并茂的音频，也可以看到呼应主题的图片，还可以看到搞怪但符合场景语义的表情包，更可以看到穿插进去的视频文件。总之，不管是哪种表现形式，都是为了更好地凸显内容，吸引用户。

总而言之，流量建立在好内容的基础上，有了好内容，才有好流量。

所以，在引流之前，我们一定要做好内容定位，明确自己的内容和风格，选择合适的表达方式，有的放矢地将用户一步步吸引到私域流量池中。

选择合适的引流平台，避免事倍功半

在引流推广之前，我们除要找准自己的品牌定位，明确自己的目标用户，做好内容定位之外，还要选择合适的引流平台。我们常说："方向不对，努力白费。"选择不合适的平台会让引流的效果大打折扣，或者带来无效的流量，这无疑对将来的变现产生很大的阻碍。为了避免这种情况发生，我们需要根据自身的实际情况选择合适的引流平台。

那么如何才能恰如其分地做出好选择呢？首先我们要对各个引流平台有透彻的了解，我们只有了解各个平台的运行规则、适合人群、规模体量等特点，才能做好平台定位。

一般来说，常见的引流推广平台有免费的引流平台和收费的引流平台。免费的引流平台主要分以下九种。

1. 微信公众号

微信公众号，是给个人、企业和组织提供业务服务与用户管理能力的全新服务平台。通过公众号，用户可在微信平台上实现同特定群体的文字、图片、语音、视频的全方位沟通、互动。很多自媒体人都喜欢把这个平台当作引流变现的主战场。

这个平台最大的特点就是用户规模大、覆盖面广、营销方式灵活、传播有效性高。在这个平台上，没有过多的限制，大部分的行业和项目都可以在这里做宣传推广，而且更重要的是该平台对原创内容保护得很好，只要你能产出优质的内容，且关键词抓得好，就会被平台收录和推荐。另外，有干货或者有深度，能引起共鸣的文章能通过朋友圈的分享和转发得到广泛的传播，你也会因此而获得大批粉丝的关注和喜欢。

最后，想告诉大家的是，微信公众号的粉丝相较其他平台来说，黏性更好一些，所以有人这样调侃："在其他平台，你有十万粉丝，变现的效果也赶不上一万粉丝的公众号。"

2. 头条号

头条号是由北京字节跳动科技有限公司于 2013 年发布的一个媒体、自媒体平台。它为用户提供内容题材的创作，包括文章、图集、短视频问答等类型。因为该平台的推荐量是由智能推荐引擎机制决定的，所以即便你的账号粉丝量很少，只要你的内容足够优质，能够引发人们大量的点赞、评论和收藏，也能快速获得海量用户的关注。

与微信公众号的深度文不同，头条号大多都是一些有关娱乐、八卦、家装、汽车、旅游，生活百科的内容，这些内容大多是用来打发时间的。所以如果你是一个行业的专家，可以利用公众号写一些深度好文，以此来建立人脉，搭建信任；如果你是一个玩家，可以借助头条号宣传推广自己的品牌。

3. 知乎

知乎，一个高质量问答社区和创作者聚集的原创内容平台，它的品牌使命就是“让人们更好地分享知识、经验和见解，找到自己的解答”。知乎最大的特点是专业性强，流量大。在知乎上，你可以通过问答的交流方式吸引一批高质量的精准粉丝。

比如，一家文眉机构在知乎上发布了一篇名为《文眉毛哪一种眉毛最好呢》的文章。这篇文章详细介绍了文眉的三个种类：雾眉、线条眉、丝雾眉，它还介绍了这三种眉毛类型适合的人群，以及三者各自的优缺点。这个机构从专业的角度为大家科普文眉知识，同时为自己店铺以及文眉技术打了一波广告。如果这篇文章的阅读者正好有文眉的需求，很有可能就抱着试试的态度找到了这家机构。而这家机构也因为知乎的这篇科普文章获得了一定的流量。

4. 小红书

小红书是一个以年轻女性用户为主，消费潜力巨大的平台。这个平台不仅流量巨大，而且创作门槛和变现门槛都不高，只要你的内容能够给用户带来足够的价值，那么它就会给你提供源源不断的流量。另外，这个平台本身具有“种草”属性，所以你可以在上面做一些好物分享，在粉丝量积累到一定程度，还可以接广告变现。

5. 微博

微博是很有名的社交媒体平台，用户可以通过电脑、手机等多种终端接入，以文字、图片、视频等多媒体形式，实现信息的即时分享、传播互动。这个平台具有流量大、热点传播快、原创性不强、互动性强、信息碎片化的特点。在这个平台，我们可以利用热点事件引流，也可以通过写文章的方式宣传推广自己的品牌。当然，还可以通过链接跳转的方式将这个平台的粉丝引入自己的私域流量池。

6. 短视频

在短视频领域里，抖音和快手是两个比较有名的平台。这两个平台最大的特点就是流量多。只要你能产出优质的短视频内容，那么一定能吸引巨额的流量，从而为变现打好基础。

不过值得注意的是，虽然抖音和快手都是短视频平台，但是二者之间还是有很大区别的。前者的核心用户是一二线城市的年轻人，而后者则用户下沉，大多为二三四线城市的青年。另外，抖音的分发以算法推荐为主，热搜为辅。快手则是以算法和社交关系推荐为主。抖音从内容消费者角度思考，把消费体验做到极致，快手则是从内容生产者角度思考，目的是给予每个人记录与展示自我的平台，强调多元化、平民化和去中心化。因为二者的产品定位及用户属性完全不同，所以大家在选择的时候要根据自身的实际情况加以衡量。

7. 官方网站

很多企业通过官网来宣传推广自己的活动。比如当当网曾在其首页的最顶端，宣传推广其“图书 5 折封顶”的优惠活动，以此吸引更多的用户。为了让大家更加了解活动的明细，它还特意在旁边添加了活动说明的链接。当然，也有一些商家为了更好地与用户互动，还会在官网上放自己企业的微信公众号、微博，以及社群的联系方式。

8. 知名社区

常见的知名社区有豆瓣、百度贴吧、天涯等。通过这些社区，我们也可以发布活动的信息，以此获得更多用户的关注。不过，在发布的时候，记得选择垂直的频道，这样更有利于精准地获取目标用户。

9. 垂直社群

企业可以组建微信群、QQ 群、微博群、豆瓣群等，利用这些社群吸引一大批具有相同爱好或需求的用户，然后在这里为自己的活动进行宣传和推广。

以上就是常见的几个免费的引流平台，当然除此之外还有搜狐新闻自媒体平台、网易媒体开发平台、UC 自媒体平台、简书等，由于本书篇幅有限，就不一一列举了。

通常来说，收费的引流平台主要包括淘宝、天猫、京东、拼多多、聚美优品等电商平台。除此之外，我们还可以通过百度搜索引擎投放广告，也就是花钱在百度搜索引擎做竞价推广服务，这样可以获得一个更靠前的排名。

通过上面的介绍，我们发现每个引流平台都有独特的推荐机制、核心用户、产品定位、运行规则等。所以我们在选择推广平台的时候，要根据自身情况全面考量。具体来说，可以通过以下六个方面筛选。

（1）平台的用户规模以及变现前景。

（2）内容传播的难度。

（3）创作者自身的优势。

（4）品牌和产品的定位。

（5）宣传推广的预算。

（6）推广的目标诉求。

总之，选择推广平台的时候需要考虑的因素有很多。在内容分发的时候，切勿将所有的主流自媒体都尝试一遍，这样不会有好的引流效果。因为不同的平台定位不同，运营手段也不尽相同，作为一个创作者，根本没有多余的时间和精力顾全所有。我们能做的就是在权衡利弊之后，将主要精力集中在一两个平台，只有分清楚主次，避免“眉毛胡子一把抓”，才能达到理想的推广效果。

第四章
拉新引流，打造属于自己的流量主力军

了解客户心理，是吸粉增流的关键

从前有一个超级富豪，他拥有一笔巨额的财富和一栋奢华的宅院。即便他如此有钱，还是无法抵挡年老时的孤独感。为了躲避这种孤独感，富豪决定卖掉豪宅，回到老家，和其他白发的老人一起遛弯、打牌、下棋，热闹地安度晚年。

豪宅一挂牌出售，就引来很多有意向的买家。这天，富豪接待了一个前来买房的年轻人。富豪问他："你打算出多少钱买下这栋房子？"

年轻人不好意思地答道："我很想成为这栋房子的主人，可是我身上只有 1000 英镑。"

富豪暗自思忖："看上这栋房子的人那么多，他们的报价可都比你高，我怎么可能把房子卖给你？"

年轻人思考一会儿说道："我是真的很想购买这栋房子。咱们协商一下，看看是否能换个购买方案。"

富豪饶有兴致地问道："你难道还有其他方案吗？"

年轻人认真且诚恳地说道：“我想把我身上的1000英镑都给你，然后你把房子卖给我，与此同时，你也不用搬离这栋房子。以后你就是我的亲人，我会悉心照顾你、陪伴你。将来我还会娶妻生子，到时候我们组成一个其乐融融的大家庭，在这里有温暖的陪伴，有儿孙绕膝的快乐，我相信那时你一定会拥有一个温馨而愉悦的晚年生活。这些都是多少钱都买不到的。”

富豪转念一想，觉得年轻人说得很有道理，假如他把房子卖给其他人，那他只是得到了一些钱，而这些钱对他而言可有可无，并没有什么特别的意义。但如果他把房子卖给年轻人，自己不仅不用搬出去，而且能收获温馨无比的家，何乐而不为呢？

很快富豪就同意把房子卖给年轻人，从此他们幸福快乐地生活在了一起。

读完上面这个故事，我们明白一个道理：要想和客户达成交易，首先得读懂他们的心。假如年轻人不了解富豪的心理需求，那么这桩交易很难达成。

在移动互联网时代，很多商家为了争夺流量可谓是煞费苦心，那么最后谁能在众多的竞争者中拔得头筹呢？最后获胜的人一定像那位年轻人一样懂得拿捏客户的心理。

既然引流的关键是攻心，那么我们应该如何利用客户的心理达成引流的目的呢？以下是五个实用的建议。

第一，客户的从众心理可以助你引来更多流量。

当我们在大街上看到某个店铺围满了人时，就会忍不住想看一看里面究竟有什么，这其实就是从众心理在作祟。同样的道理，当某个直播间热闹非常，人气爆棚的时候，你也会忍不住点开看看，生怕错过什么值得购买的产品。

很多聪明的商家就是看中了客户的从众心理，所以在直播间安排炒热气氛的人员，为自己的直播间造势，营造出一种很有人气的感觉，以此吸引更多的流量。

第二，客户的好奇心可以增加你的点击量。

好奇是人的天性。对于那些超常、新鲜、奇异、独特的事物，人们都有探索的欲望。所以聪明的商家就懂得利用人们的好奇心去吸引流量。

比如，在电商平台搜索关键词“口红”，你会发现可供选择的模式实在是太多了，那么究竟选择哪家店铺呢？其中一个特立独行的封面瞬间抓住你的眼球，只见它上面写着这样一行字：“唯一一款维生素食品级口红”一般来说，宣传口红的形容词大多是“不沾杯”“不掉色”“滋润保湿”等，但是当一款可食用的口红出现在大家眼前时，那自然是非常稀奇的。这样的字眼比“健康”“安全”更能激发人们的好奇心，于是大家在好奇心的指引下不自觉地就点开了这家店铺。而这家店铺也因为这些新奇的词，获得了更多的点击量。

第三，利用客户图便宜的心理精准引流。

众所周知，在购物时，客户都有贪图便宜的心理，这种心理促使他们产生消费动机和购买动力。所以，聪明的商家会主动迎合客户的这种心理，从而将他们引到自己的店铺里。某餐饮店门口贴着一张“消费满15元，送一杯饮料”的告示，人们看到有免费的饮料相送，自然不会错过。再比如，新开的奶茶店举行开盲盒活动，进店的客户可以随机选取一个盲盒，而盲盒里有令人惊喜的礼物。很多人本着“不拿白不拿”的心态走进店里，而这家店铺也因为这个盲盒活动吸引到了更多的客户。

第四，利用客户的情感心理引流。

人是很感性的，每个人都有自己的情感诉求。当你发布的内容能触碰到客户内心最柔软的部分，能勾起他们内心的记忆和向往，那么你就能很容易俘获他们的“芳心”。

比如，抖音上一个名为“走出 ××”的账号里就有这样一条走心的文案：“如果原生家庭没有帮你把内心的‘基础框架’搭好，你至少需要花20年重建自己的内心世界，再花20年重建外部世界。对这类人来说，重建’并不是最关键的，‘觉醒’才是最关键的。如果我们无法觉醒，我们就会被恐惧、不自信、玻璃心、自卑等各种执念封闭一生，动弹不得。当你潜意识觉醒的那一刻，人生才开始进入‘升级’的阶段。在这之前，都是‘等、靠、要、求’的被动状态，各种被现实按在地上摩擦，许多人终其一生都封印在过去的经历里，从来没有真正地活出自己，做自己。”

很多人读完这一段话之后表示深有共鸣，有人说：“我已经走出来了，但是扒了一层皮。”也有人说：“我是到了人生最低谷的时期才觉醒的，走出来用了十年。”还有人读完这段话之后，用大段的文字分享自己的经历。总之，这样一段话满足了大家情感的诉求，所以引发了大量的分享和讨论。最后，这条短视频获得了两万多的点赞量，而这个账号里所卖的相关书籍也得到了很好的曝光效果，从而为变现创造了良好的条件。

第五，用真诚留住客户的心。

真诚是人际关系的核心。每一个客户都希望被人真诚对待，这样他们才能卸下内心的防备，从而信任你。

2022 年的夏天，抖音账号“× 方甄选”的主播董 × 辉火了。据相关数据统计，他在 7 天内迅速涨粉 1500 多万人，单场直播在线人数轻松突破 10 万人。为什么在如此短的时间内，他有这样好的成绩呢？除了他出类拔萃的才气和风趣幽默的性格，更多的是他用真诚打动了一众消费者。

比如，同样是在直播间卖大米，绝大部分主播声嘶力竭地告诉你他家的大米有多么好。可到底有多好呢？理由乏善可陈。但是董 × 辉不一样，他用极其认真的口吻跟你说：“没带你去看过长白山皑皑的白雪，没带你感受过十月田间吹过的微风，没带你去看过沉甸甸的弯下腰，犹如智者一般的谷穗，没带你去见证过这一切，但是亲爱的，我可以让你品尝这样的大米。浪漫不止星空花海，还有人间烟火。”

在这段话里，董 × 辉没有华丽辞藻的堆叠，也没有天花乱坠的语录，有的只是一种对生活真诚而睿智的思考。而且在他的直播间里，他也会讲述自己艰辛的过往，也会自嘲“身材矮小，头又大又丑”，言语之间，质朴坦然，真诚谦逊，丝毫没有矫揉造作。网友们听多了直播间那些咆哮式演绎“家人们”“宝宝们”“买买买”，对于这样一个真诚且有内涵的年轻人，自然是喜欢，所以，只要董 × 辉一出场，他的流量总是源源不绝。

总而言之，在粉丝能够创造巨大价值的移动互联网时代，我们一定要读懂用户的心理，只有这样，才能抢占他们的心智，成功争取到他们的支持和拥护，从而为变现打下坚实的基础。

把握合适的时机，引流才能事半功倍

流量几乎是每家企业或者个人都关注的一个问题，引流拓客也是老生常谈的话题。那么如何才能达到高效引流的目的呢？我们除了要了解用户心理，还要把握好引流的时机。选择合适的时机做宣传推广，可以让引流效果事半功倍。

那么最佳的引流时间应该是什么时候，我们应该如何把握呢？以下是三个实用的建议。

第一，选择目标用户闲暇的时间推送内容。

当客户忙碌的时候，他根本无暇顾及你推送出来的内容。所以我们在推送内容的时候，一定要挑目标用户闲暇的时间。比如，你是一个街舞领域的创作者，那么你的目标用户就是一群年轻人。他们的闲暇时间一般集中在中午午餐时和晚上八点以后。为了更好地达到引流目的，你的引流内容一定在他们时间充裕的这两个时间段发布。如果选择在他们上班的时间发布，那么他们很大概率会错过你推送的内容。

第二，紧抓社会热点事件。

在互联网上我们经常能看到一些关注度高、讨论度高，且能激起民众情绪，引发强烈反响的事件。这类热点事件通常有很大的流量，如果你“蹭”得好，吸粉又吸睛。

比如，抖音账号“一个人的 ××××”就是依靠蹭热点积累大量粉丝的。有段时间，某品牌高价雪糕因为 31 度室温下放 1 小时仍不融化而登上热搜榜第一。该账号就这个热点事件输出了自己的感慨和观点：

“那种‘贵又不好意思还回去’的尴尬刺伤过无数人。这种尴尬感的刺痛看似是一种玩笑，看似就在那短短的付钱的几分钟就过去了，但其实在日后每一次想吃雪糕时都会回想起来，总觉得亏大了，做了冤大头。而该品牌正是利用了人们的这个心理弱点把价钱设置得贵，又没那么贵，没贵到‘我咬着牙脸都不要了也得放回去’的地步，看看后面还排着队，想想就算了。这种无奈又憋屈的心理，就像鞋里的一粒沙子，虽然不是什么大问题，但膈应人呐！”

这段话既高度还原了人们被“刺”前后的心路历程，又一针见血地点出了这一类雪糕的销售策略。人们在引发共鸣的同时，也开阔了眼界，增加了新知。最后，他还说了这样一段话：“雪糕就该两块钱一根，咖啡就该五块钱一杯，资本再怎么给它们贴上奢侈品的标签，它也就是零食，就是杯饮料。我不埋单，而且是理直气壮地不埋单。”这句话说出了消费者共同的心声，因此受到了人们的喜爱。

最后，这个视频以“蹭”热点的形式获得了23万的点赞量，1万多的评论量，其火热程度可见一斑。

上面的案例告诉我们，热点事件出现的时候，也是引流的好时机。如果你能抓住这个机会，就此发表一些与众不同，且能引人共鸣的观点，那么也能很成功地获得一大批流量。当然，“蹭”热点事件也有一定的讲究，如果你拿捏不好分寸，就会败光好感度，导致粉丝集体脱粉。

第三，抓住某个特殊的时间节点。

为了快速引流，商家可以在新店开业，或者周年庆祝的时候策划有仪式感的店庆，在此期间展开打折或者全场满减的优惠活动。当然，也可以借助春节、元旦、国庆等重大节日策划一场促销活动，这段时间人们有闲暇，人流量比较大，如果活动策划得好，能收割一大波路人缘。

当然，除此之外，你还可以像淘宝、京东等电商平台那样过个节日，比如“双十一”的“光棍节”，6·18的“年中购物节”，只要节日过得足够成功，也能吸引来很多流量，达成惊人的交易额。

总而言之，选择合适的引流时机是一件非常重要的事情，如果你把握不好这个时机，会让效果大打折扣。比如，空调的销售旺季是在夏天，如果你选择在寒冷的冬天引流，那么自然没有多少人愿意捧场。所以不合时宜的引流不仅不会让你成功变现，还有可能让你亏本。

最后，想告诉大家的是，引流没有特定的完美时机，当客户有消费需求的时候，就是你推出引流广告最好的时候，这个时候的成交率会大大提高。

做好口碑营销，为企业有效引流

俗话说："金杯银杯，都不如老百姓的口碑。"在流量为王的时代，企业和品牌拥有一个好口碑是至关重要的。如果你的企业美誉度高，品牌深受用户的信赖，那么流量自然也少不了。

比如，鸿星尔克曾经一度因为"破产式捐款"而火爆网络。当人们得知鸿星尔克在企业亏损时，仍然慷慨解囊，愿意为灾情肆虐的河南捐款5000万元时，大受感动和震撼。要知道，炎炎夏日里，鸿星尔克的官方直播间连空调都没有舍得装，只有一台风扇摇来摇去；鸿星尔克的官方微博因为资金紧缺，都舍不得充值微博会员，即使如此，鸿星尔克二话不说，就拿出5000万元驰援河南。这样的爱国情怀，这样的格局气度，老百姓怎么舍得让它输呢？“破产式捐款”事件一出，鸿星尔克的直播间直接被挤爆，围观人数高达4.9万，销售额一度达到上千万元。热情高涨的用户甚至在直播间高喊：“今儿就是缝纫机踩冒烟儿，货也不能断！”“这个69元的拖鞋，能不能卖699元！”面对着突如其来的巨大流量，鸿星尔克的董事长吴荣照呼吁大家理性消费，按需购买，但网友霸气回应：“我们就要野性消费，请吴总不要多管闲事！”

从上面这个案例可以看出，一家企业的流量大不大，很大程度上取决于它的口碑好不好。如果企业和品牌能够经营好自己的口碑，那么引流会变得非常简单。作为一个企业，应该如何做好口碑，进而实现引流的目的呢？

第一，利用热点事件打造口碑。

热点事件传播度高，受众广，很多商家都喜欢人为策划热点事件，或者借助热点事件扩大品牌的知名度，增加品牌的美誉度，以此达到引流目的。

很多年以前，有一部名叫《那些年我们一起追的女孩》的电影非常火爆。借助这个热点事件，小米联合几个创始人一起推出了一部动画电影，这部电影的名字叫《我们的150克青春》。这部电影无论是选题还是海报都“蹭”了《那些年我们一起追的女孩》的热度。小米利用这个热点事件成功打开了知名度，获得了好口碑，吸引到大批量的客户，而此时推出的小米青春版手机也借助热点被消费者抢售一空。

第二，打造优质的产品和服务。

企业的好口碑离不开优质的产品和服务。只有产品和服务赢得消费者的认可，企业和品牌才会收获越来越多的流量。

餐饮界的传奇“海底捞”以优质的服务，促使用户主动帮它进行口碑传播，从而打开了各地的餐饮市场。那么海底捞对用户的服务究竟有多好呢？有顾客吃完海底捞之后，打算把吃剩下的西瓜打包带走，服务员听后拒绝了顾客的这一要求。顾客在结账时，海底捞的服务员贴心地告诉他：“打包一个切开的西瓜不卫生，如果想打包的话可以送一个完整的西瓜。”后来，顾客果然获得了海底捞赠送的一整个西瓜。有一对情侣在海底捞吃饭，中途两人发生矛盾，其中一人愤然离开，另一人在座位上委屈哭泣，海底捞的服务人员立马上前安慰，为其做心理疏导。海底捞通过优质的服务打动了用户的心，而用户又通过口口相传的方式为海底捞带来流量的增长。

第三，通过创新赢得好口碑。

在产品同质化严重的现代社会，创新成为商家竞争的核心要素。如果你的品牌融入好的创新理念，就能在同类产品中脱颖而出，获得良好的口碑，吸引更多人的关注。

比如，坐落上海的一家名叫“墨笛植造所”的咖啡店，创造出一款颜值极高的链条杯套成功火出圈。又如，广州的“SONG”咖啡因为换了一个辨识度极高的杯盖，获得了广大用户的追捧。同样的产品，添加一点新的元素，以一种全新的面貌面市，就可能获得完全不同的市场待遇。

第四，打动前沿主流用户。

在打造企业口碑的过程中，目标用户起至关重要的作用。如何让用户主动对你的产品进行口碑传播呢？我们要先选对传播的对象，即主动寻找一批品牌的精准用户，并且在这批精准用户中筛选出一些更容易接受新生事物，且传播属性很强的用户；然后，引导他们传播产品的优势和服务的特色。有了他们的现身说法，越来越多的人会跟随而来，成为品牌产品的使用者。

第五，给用户一种物超所值的感觉。

心理学上有一个名词叫“锚定效应”，它指的是人们在对某人某事做出判断时，易受第一印象或第一信息支配，就像沉入海底的锚一样把人们的思想固定在某处。当客户在做决策时，如果他们发现你所提供的产品或者服务远远超出他们原先预设的锚点时，心里会大喜过望，不仅会购买产品，还会帮你宣传产品。

第六，软文宣传推广。

要想让更多的客户了解企业，建立品牌信任感，适当进行软文推广是很有必要的。在推广的过程中，你的品牌会慢慢进入用户的视线，占据用户的内心，当他们有需求的时候，也会第一时间想起购到你品牌的产品。反之，如果用户连品牌名称都没有听说过，那么他们怎么会平白无故地帮你传播口碑，扩大用户影响力呢?

第七，通过搜索引擎科普品牌的相关内容。

当我们对某个品牌一无所知的时候，通常会在搜索引擎上进行搜索。如果企业事先不在搜索引擎上编辑有关品牌的内容，那么怎么让用户更加了解和信任品牌呢?

企业通过口碑推广计划，让更多的用户了解产品和服务，扩大品牌市场认知度，增进品牌信赖感，能吸引到更多的流量。反之，如果你的企业和品牌籍籍无名，在市场上没有任何口碑，那么何来流量和销量呢?

打造超级爆品，快速引流拓客

有购物习惯的人都知道，不管是线上还是线下，每家店铺里都有一些爆款产品，这些产品物美价廉，性价比极高，很多时候，大家都是被这些东西吸引才会走进店铺的。其实这就是商家的高明之处。

他们之所以设置这些爆款产品，目的是利用超高的优惠力度吸引消费者的注意。当消费者被吸引过来后，店铺里其他物品就有了被售卖的可能性。换句话说，商家打造的超级爆款产品，既可以调动客户消费的积极性，又可以为店铺带来巨大的流量，还提升了其他商品的销量，正可谓一举多得。

另外，如果这个爆款产品卖得特别好的话，还可以提升品牌的知名度，从而进一步打开市场销路。比如，iPhone4 手机的推出让苹果智能手机的竞争力提升了一个新档次。人们对于这款全新的产品喜爱至极，iPhone4 一度被称为“创新的宠儿”。很多人表示自己知道苹果公司都是因为这台 iPhone4。

总而言之，爆款产品具有强大的感召力，它是商家和企业引流拓客的制胜法宝。不管是线上还是线下的经营者，都应该打造属于自己的爆款产品。那么具体来说，应该如何操作呢?

首先，我们要确认什么是爆款产品。爆款产品，顾名思义就是在消费者中引起强烈反响的产品。这种产品可以是一个单品，也可以是一个系列的产品。一般的爆款产品通常将极高的性价比作为爆点，而超级爆款产品则依靠与众不同的优势制造爆点。

在制造爆款产品前，我们需要先看一下自己的产品与同类型产品相比，有没有独特的优势，如果没有，那就降低价格，以此吸引用户的注意力；如果跟同类型的产品相比优势明显，那么就可以把它打造成超级爆款产品。

在筛选爆款产品时，也不能随意而为。一般来说，爆款产品必须满足以下四个条件。

第一，具有创意和个性。

富有创造性的产品通常能以最快的速度抓住消费者的心，它在满足消费者个性化需求的同时也能为企业带来好的口碑，而一旦这个口碑发酵，那么势必会引来更大的流量。

第二，直击消费者的痛点。

爆款产品应该属于目标客户的刚需产品，这样才能促使他们快速做出购买的决定。假如这个产品对客户而言可有可无，那么他们购买的冲动自然没有那么强烈。所以，为了更成功地打造爆款产品，我们需要深度研究目标客户的画像，找到他们的一级痛点，然后因势利导，这样才能抢占先机，直接刺激他们产生消费行为。

第三，具备社交属性。

社交属性才是爆款产品的核心。那些具有社交化的产品更能激发用户主动分享的欲望，从而能借助用户的手和口逐层引爆市场。

第四，拥有让人心动的价格。

消费者很多时候要的不一定是便宜的东西，而是占便宜的“感觉”。所以，在打造爆款产品时，一定要把价格压下来，当消费者发现你的产品与其他同类产品相比价格要低很多的时候，他们会抓紧时机购买，绝不会让自己错过这个占便宜的机会。

总而言之，爆款产品可以为我们引来超高的人气、巨量的用户、可观的收入，因此大家都应该具备打造爆款产品的思维。而在打造爆款产品的过程中，我们要锁定目标用户，深度洞察他们的需求，然后挖掘产品的核心价值，以极致的用户体验赢得用户的信赖，这样才能引爆口碑，换来更多的流量。

高效获取客源，高手必用的六大方法

引流获客是一项十分烦琐的工作，我们除了要把握客户心理，选择合适的时机，还要掌握一些必要的引流技巧和工具，这样才能高效率地完成引流的任务。下面给大家介绍几种引流的方法和技巧，只要掌握了这些实操方法，就能让你的引流效力增倍。

第一，地推引流法。

这是最接地气的一种线下引流方式。在地推引流前，我们要先确定引流的时间和地点以及引流的模式。在地推引流结束后要记得维护引流过来的粉丝，保障粉丝的留存率，否则之前的工作前功尽弃了。关于地推引流的方法和技巧，后面的章节会详细论述。

第二，资料引流法。

在线上引流的过程中，如果你一上来就直接要对方的联系方式，那么八成会遭到对方的拒绝，因为他们不明白你这样做的目的到底是什么，出于安全考虑，自然也不会主动添加你为好友。这个时候，你可以采用资料引流的方法打破这样的僵局。比如，你是育儿领域的博主，你可以通过分享育儿经验的方式获取客户的联系方式；如果你是销售轻食餐的，那么你可以通过分享减脂食谱来引导客户添加你。

在利用资料引流的时候，我们需要注意以下三个问题。

首先，搜集整理好的资料自己要再确认一遍，不合适的地方要加以修改；其次，记得在资料内加上自己的水印，或者添加自己的二维码，这样有利于后期的裂变；还要把资料转化为 PDF 格式，只有这样做才不容易被其他人盗取劳动成果；最后，记得把这些整理好的资料通过今日头条、知乎、抖音、快手等平台免费分享出去。不过资料虽然是免费的，但是用户领取的时候还需要引导他们点赞加评论，或者关注加转发，这样能让你的引流信息得到更大范围的扩散。

第三，好评返现引流法。

我们在淘宝或者拼多多上买完产品后，很多店家会送你一张小卡片，卡片上写着“好评立返”等字样。通过这种方式既可以为商家打造好口碑，又可以实现精准引流的目的。不过值得注意的是，使用这种方法引流的时候要把握好优惠的力度，力度过大，可能加重自己的投资成本；力度过小，可能导致客户动力不足。为了实现买卖双方的共赢，商家一定要拿捏好这个尺度。一般来说，返还的现金红包大多都设置为 2~5 元，当然，大件物品的好评返现金额可以随着价格的提升有所增加。

第四，评论引流法。

这种引流方法大多出现在短视频平台。利用这种方法引流时，我们需要挑选自己发布的一条热门短视频，然后在这条短视频下方置顶这样的评论："视频同款碎花裙戳下方链接，一起解锁夏日清爽穿搭""姐妹们，可以点头像到主页橱窗搜索以下商品关键字哦"。当然你也可以在那些问产品的评论下回复，引导大家到橱窗里下单。需要注意的是短视频平台禁止用户私留微信等联系方式，所以在评论区不要引导用户添加你的微信，而应该引导他们点击头像关注你，然后在个人主页上说明你的引流账号。

除了在自己视频的评论下帮小橱窗引流，我们还可以去别的热门视频里用一些"神评论"为自己引流。比如，"幸好我及时给你按了暂停，不然你就摔倒了""没有几年的思考问不出这样的问题""看来只能中午来看视频了，因为早晚都会笑死在这里"。类似这样幽默诙谐的评论会让人们对你产生强烈的兴趣，在兴趣的指引下，人们可能通过点击头像进入你的主页，进一步了解你。

第五，社群引流法。

在一些特定的社群里也有很多我们潜在的目标用户，他们是我们引流时可以争取的对象。那么如何成功添加社群里的目标用户呢？首先我们要跟群主建立良好关系，然后可以向他申请一个主题分享，比如你进入的是一个售卖女装的社群，在这里你可以分享衣服穿搭、收纳、洗涤的技巧，通过输出“干货”的方法吸引其他用户主动添加你。总而言之，社群引流的底层逻辑是给别人提供价值，在帮助别人的同时你自然就和他人建立了信任关系，这样一来，引流就变成水到渠成的事情了。

第六，直播引流法。

直播也是引流的一种方法。那么怎么做才能让直播最大程度地吸引客户呢？

首先，在直播前事先修改账号名称，如 ×× 旗舰店（晚上宠粉专场）。也可以在个人简介处，提前告诉大家直播的时间，比如“早上八点带着姐妹们一起直播跳绳（周日休息）”这个直播时间一般设置在目标用户有空暇的时候。

其次，可以内容预热引流。比如，计划在晚上八点直播，那么就可以提前在自己的账号上发布一条预告视频。

最后，为了吸引客户进入直播间，大家还可以精心布置自己的直播间。比如，你直播间卖的是美食，那么可以在大屏幕上反复播放诱人的美食，那种色香味俱全的食物隔着屏幕都能引起客户的食欲，在美食的诱惑下，客户忍不住就想点进直播间看一看。如果你是售卖衣服的商家，那么你可以在直播间的背景墙上贴一些醒目的文字，比如“赠送运费险，七天无理由退货”“100元4件短袖，限时优惠，手慢无”，这些内容一定程度上给客户安全感和实惠感，他们看到后，更愿意走进来看一看。

当然，除了自然流量，你还可以花钱做推广，这种付费引流的方式可以让你的直播间获得更多的曝光度，也会让你收获一大批精准粉丝。

第五章
五个超强引流渠道，让你蓄满私域流量池

腾讯系平台：自媒体人引流变现的主战场

说到腾讯系产品，大家最熟悉的莫过于QQ、微信、公众号、朋友圈。这些产品占据社交圈的半壁江山，因此，用这些产品为自己引流是多数自媒体人的必然选择。下面我们全面盘点一下这些产品是如何引流的。

第一，QQ引流。

QQ算得上是中国社交软件的巨头之一，经过长时间的发展，它拥有一整套完整的功能。那么我们应该如何利用QQ引流呢？

（1）群文件引流。利用这个功能可以把文件共享给群员。如果你想依靠这个引流，可以把带有自己联系方式的文章或者文档传上去。当然为了提高打开率，你需要把标题设置得更加有吸引力。另外，内容一定要有价值，不能乏善可陈，更不能将引流的目的明显表露出来。

（2）QQ群引流。QQ群具有种类齐全、数量庞大、精准聚集的特点，利用它引流无疑是一种重要而明智的选择。具体来说，你可以先明确自己的目标客户，将用户的类型作为关键词来搜索群聊。这个时候，你会看到很多鱼龙混杂的 QQ 群，根据群的活跃程度，我们筛选出一批优质 QQ 群，然后添加进群。

为了增加通过率，我们需要好好设置一下自己的头像和昵称。首先，头像一定要给人一种真实感，切莫用虚假的图片；其次，头像背景也不能太杂乱；最后，昵称少用特殊的符号，更不要用“A+ 名称”或者“名称 + 电话号码”模式，这是广告营销商的统一套路，用上之后，群主会认为你目的不纯，通过的概率会大打折扣。

QQ 群添加成功后，接下来就是跟群主和管理员建立良好关系，这样你才能为下一步的引流打好基础。另外，你还要给群里多多输出有价值的内容，这样能获得群成员的信任和喜欢，如此一来，引流便成为顺理成章的事情。

（3）QQ 附近的人。搜索 QQ 附近的人，可以获得一大批当地的客源，缺点是这些客户并不精准，需要你从中慢慢筛选。为了让引流更加高效，我们可以下载雷电模拟器予以辅助。这个模拟器可以给你提供引流脚本，也可以帮助你给他人点赞、发消息以及关注等。

（4）QQ 空间。利用 QQ 空间引流的时候，我们主要以内容为主。通过相册、日志、留言板、说说等渠道向潜在客户传递有价值的信息，以此来吸引他们的关注。我们还可以在转发量很高的日志下面与他人互动，以此来寻找有意向的客户。

第二，微信公众号沉淀粉丝。

微信公众号适合沉淀各个公域流量平台上获得的粉丝。比如，客户买了某品牌的一款血压计，之后如果商家以关注公众号送优惠券的形式，将客户引流为私域流量，后续商家就可以通过公众号与客户产生更多的互动交流，以此来获得更多盈利的机会。

公众号的功能模板可以自定义设置，我们可以通过菜单栏、搜一搜、模板消息、自动回复、图文内容、客服消息、付款后跳转、公众号广告、文章底部等触点达到引流目的。

为了提升公众号的引流能力，我们需要持续打造爆款内容，这样用户才乐于转发分享、点赞、讨论等，以此来吸引更多的流量。

除了打造爆款文章，我们还要做好账号和文章排名的优化。首先，优化关键词，具体来说，就是搜索一下自己所在行业的关键词，看看搜索出来的长尾关键词是否在公众号的名称、简介、文章标题和内容中出现过，如果没有，需要做一些补充和插入。其次，账号权重的优化。要想提高公众号的账号权重，我们要多写一些原创度高的文章，持续输出高质量的内容，注意不要做一些违反平台规定的行为。最后，我们还需要优化公众号菜单栏，增加公众号搜索回复的互动率。以上种种操作完成之后，我们公众号的排名才会有所上升，这样被搜索用户发现的概率会大大提高，而引流的效果也会更好。

公众号引流的方式还有很多。除了前面提到的那几种方法，我们还可以利用互推的方式引流。比如，你可以在自己的账号上直接发布对方的内容，并且在内容的下面标注好对方的账号名称，接着引导大家多多关注对方的账号。通过这种一对一互推的形式，就可以实现公众号引流。

你还可以采用轮推的方式引流，具体来说，就是在一篇文章中推荐多个账号，这些被推荐的账号之间相互帮助，达到互推引流的目的。

不过，公众号引流不管采用哪种形式，都需要找到与自己用户属性相同的账号。这样引流过来的客户才更精准，也才更容易变现。

第三，微信吸粉。

微信是当下最主流的沟通工具，引流拓客，微信必不可少。那么如何操作呢？我们可以通过内置功能来获取粉丝。微信内置功能强大，里面 QQ 好友、扫一扫、通讯录、摇一摇、附近的人等，这些功能都可以帮助你实现加人的目的。

（1）QQ 好友。QQ 好友也是我们的人脉资源，我们可以把他们引流到微信这个营销工具中，以此拓展我们微信好友的数量。不过引流的时候要有一定的针对性，非目标群体没必要搬运。

（2）二维码。二维码引流具有信息量大、成本低、可加密、尺寸可变等优点。在用微信二维码引流时需要事先告诉用户扫描二维码的目的是什么，如果他们不知道扫描二维码会出现什么，那么很大概率不会主动配合你的添加要求。另外，二维码要选择合适的投放平台，这样才能提高用户扫描的概率。最后，在扫描二维码的时候要提升与用户的互动率，增强用户的体验感，这样引流的效果会更好。

（3）通讯录。我们对于手机通讯录里的人大多知根知底，因此引流的时候也能更精准。当我们成功将目标用户的通讯号码全部添加到微信列表中时，他们就能看到我们发布出来的微信信息，这样有利于产品的精准营销。当然，有些通讯录的人也会拒绝你的添加，这时你可以适时抛出一个钩子，告诉他们不关注的话会有什么样的损失，或者关注之后会有什么样的福利。当客户跟你产生联系时，一定要给对方制造惊喜，或者给他们提供有价值的东西，这样才能进一步拉近彼此的距离。

（4）摇一摇。这是一个很有意思的微信功能，通过摇一摇的方式可以链接到本地的用户，这也是一种引流的渠道。当我们与用户通过这种方式产生联系时，我们就可以循序渐进地将自己需要推送的商品、活动、优惠信息传递给他们。要是双方交流顺畅，建立了良好的信任，还可以请他们帮忙转发传播。

第四，视频号。

视频号内嵌于微信生态，与熟人社交、公众号关系密切，市场潜力巨大。所以，利用视频号引流也是一种必然的选择。下面介绍五种利用微信视频号引流的方法和技巧。

（1）设置账号的个人资料引流。我们可以在视频号的个性签名、背景图、简介等地方添加联系方式，或者利用赠送资源的方式引导大家添加微信或关注个人公众号。

比如，知名心理咨询师武 × 红就在其视频号的个人简介上面这样介绍：

北大心理学硕士、心理咨询师

预约心理咨询添加：××××（个人微信号）

著有《为何家会伤人》《自我的诞生》

公众号：武 × 红

北大硕士身份和个人著作的加持，让武 × 红这个品牌更加有可信度，有信任感的铺垫，有咨询需求的用户就会放心添加其联系方式。这样能够顺利实现引流的目的。

除了上面介绍的这些方法，我们还可以通过私信的方式向用户发出宣传推广的信息，以此引导用户关注自己。

（2）利用视频文案引流。我们可以在视频号的文案区域添加引流的微信号或公众号。这样当视频的内容引发大家广泛的关注和转发时，你的引流信息也将传递给大量的用户。

（3）利用文章链接引流。在上传视频的时候，我们可以添加公众号文章的链接，这样我们就可以将视频的目标用户引流到公众号。为了达到更好的引流效果，我们可以在公众号后台发布一篇高质量的软文，利用软文可以向用户传递更多的信息，说服用户主动关注。

（4）利用本地定位引流。发布视频时可以选择附近的位置或者热门城市，这样微信系统会把优质的本地视频推荐给感兴趣的本地用户。这个功能对于餐饮、培训、美容养生一类的行业非常友好，如果你的内容足够有吸引力和说服力，可以有很好的引流效果。

（5）利用评论区引流。我们可以选择在一个热度很高的视频下面留言，比如你可以先利用小号发起提问："小白一枚，想学影视剪辑的课程。"接着用大号回复："加我详聊。"另外，我们还可以去同类型的账号下面"截流"，从而吸引更多用户的关注。

总而言之，腾讯系平台是如今自媒体人引流变现的主战场。无论是企业还是个人，都不应该放弃这个强大的引流渠道，我们只有依靠这些引流渠道把私域流量做起来，才有可能实现爆单的愿望。

百度系平台：全新攻略带你占领百度营销阵地

“有问题，找度娘”一度成为流行语，这里的“度娘”就是指百度。百度作为人们查阅资料、获取信息的重要途径之一，拥有巨大的用户量。很多营销者看中这一点，纷纷通过百度平台引流获客。那么百度平台应该如何精准引流呢？下面我们详细介绍四个可靠的引流渠道。

第一，在自媒体平台发布软文引流。

目前自媒体平台发展得非常好，所以你可以在自媒体平台上发布一些软文，以此宣传推广自己。比如，你可以在百度百家、一点资讯、熊掌号、知乎等平台发布一些伪原创文章。这些平台有的权重高，有的用户体验好，有的是百度旗下重点力推的对象，有的和百度有良好的合作关系，所以在这些平台发布文章很容易被百度收录。只要文章标题和内容的关键词设置得巧妙，并遵守平台的规则，那么进入首页也不是不可能。软文一旦进入百度首页，那么曝光量和浏览量势必会很多，此时引流就变得很轻松了。

第二，在视频网上引流。

一些视频网站（如优酷、腾讯、爱奇艺、哔哩哔哩等）上的内容也可以被百度收录，这也意味着我们可以在这些平台上发布推广视频。当然，为了能够在用户搜索的时候有一个靠前的排名，我们在编辑视频的时候一定要注意视频的标题，在标题中多放入一些长尾关键词，或者在视频描述区域和标签中提及关键词，这样有利于获得精准用户，提升引流效果。

不管采用哪种方式，我们发布的内容一定要对用户有用，这样用户才愿意主动添加我们的联系方式。

很多营销者利用长尾关键词布局百度视频，引流效果和转化效果都非常好，所以有需要的朋友不妨试试这种推广渠道。

第三，在高权重的网站发文引流。

百度对高权重的网站非常友好，网站的权重越高，排名就越靠前。所以我们可以在一些高权重的网站发文，吸引更多的客户。那么什么是高权重的网站呢？一般分为三个类型。

（1）新闻源。新闻源是符合搜狗、百度、谷歌等搜索引擎种子新闻站的标准，站内信息第一时间被搜索引擎优先收录，且被网络媒体转载成为网络海量新闻的源头媒体。这类新闻网站具有辐射广、收录快、权威性以及转载多的特点。正因为它们有这些优势，所以很多人将其作为宣传推广的重要渠道。常见的新闻源发稿平台有中国新闻网、凤凰网、新浪网、中国网、人民网新闻投稿平台等。在这些网站发布内容，容易被百度收录，且有进入百度首页的机会。当然，在这类网站推广竞争也很大，百度首页的位置是有限的，你发布出去的相同关键词的软文很有可能被同行顶下来，所以要求我们经常在新闻源上更新自己的内容。

（2）个人网站或企业官方网站。公司或个人的高权重网站也会被百度收录。那么运营者应该怎么做才能快速提高自身网站的权重，从而加快百度收录的步伐呢？首先，你要选择一个好的域名；其次，网站的内容要定时定点更新，而且内容要保证80%以上的原创率；再次，为了让搜索引擎顺利地抓取网站的前台页面，你需要设计清晰合理的网站结构；最后，记得在站长工具里提交自己的内容链接，或者在发布的内容里加一些高质量的外部链接，这些操作都可以增加网站的权重，提升文章的收录率。

（3）B2B网站。B2B网站是指提供企业对企业间电子商务活动平台的网站。这些网站具有交易金额大、交易对象广泛、交易操作规范的特点。常见的B2B网站有阿里巴巴、58同城等，它们也拥有上百度首页的资质，很多运营者也将这些网站纳入自己宣传推广的考虑范围之内。

以上提到的这些网站都可以成为我们宣传推广的渠道，具体选择哪个，还要根据网站权重的高低、运行规则以及自身的实际情况综合考虑。一般网站权重的高低可以通过爱站或者站长之家查询，查询出来的网站级别越高，权重越高，推广引流时所处的排名越靠前。

第四，用百度产品引流。

一般来说，在百度平台上做营销推广，可以用到以下五个百度产品。

（1）百度文库。百度文库是百度旗下的一款文档分享平台。这个平台具有权重高、门槛低、收录快、流量大的优势，所以利用它来引流无疑是正确的选择。

那么具体怎么做呢？首先，围绕你的定位设置一些带长尾关键词的标题。这些长尾关键词是你引流成功的关键。如果我们布局的关键词符合用户的搜索习惯，那么引流的效果就会非常明显。其次，想方设法让账号增加权重，否则文档内容很难被收录。 而要想提高账号的权重，提升百度文库的排名，我们必然要产出一些高质量的内容。换句话说，这些引流的内容一定要具备原创性和专业性。另外，为了让用户有好的阅读体验，我们还需要注意内容的排版。

（2）百度竞价。百度竞价是一种按效果付费的网络推广方式，简单便捷的网页操作可以给企业带来大量潜在客户，有效提升企业知名度及销售额。我们在百度浏览器里输入关键词，搜索出来的结果后面带着“广告”二字的，便是竞价位。一般百度会在首页展现 5 个竞价位置。这种宣传推广的方式具有引流精准、见效快、流量可控的特点，如果你的手头资金充裕，不妨尝试一下这种引流方式。

（3）百度经验。百度经验是一个实用生活指南的互联网平台，里面的文章通常由概述、工具 / 原料、步骤 / 方法、注意事项、参考资料等部分组成，其中步骤 / 方法介绍得尤为详细。因为百度经验在搜索时经常会有好的排名，所以很多人将它当作引流的工具。

（4）百度贴吧。百度贴吧的使命是让志同道合的人相聚在此互动交流。因为这个平台用户数据巨大，且活跃度很高，所以其引流的价值也很高。下面给大家分享一些百度贴吧的引流技巧。

首先，在发帖之前记得养号，等你的账号养到一定的等级，才能显露联系方式；其次，宣传的信息一定要软性植入，否则会直接影响引流的效果；再次，关键词尽量设置得全面一些，这样用户才更容易搜到你发布的内容；最后，记得顶帖，最大限度地保障你的排名靠前，这样你才能吸引到更多的流量。

（5）百度知道。百度知道是由百度自主研发、基于搜索的互动式知识问答分享平台。用户可以根据自身的需求，有针对性地提出问题。同时，这些问题的答案又将作为搜索结果，满足有相同或类似问题的用户需求。百度知道除了引流精准、排名速度快等优势，其用户的信任度也很高，这有利于打造品牌效应。

以上就是百度平台引流的详细攻略，利用这些攻略，你可以快速打造出一片属于自己的营销阵地。随着宣传推广信息的多方位曝光，相信你的引流效果也会十分喜人。

新浪系平台：零成本利用博客和微博实现精准引流

新浪微博和新浪博客是新浪系最大的引流渠道。在很多年以前，新浪博客是一个非常热门的词汇，那时它的权重很高，排名很好，很多团队利用它引流，虽然今时今日，这种营销方法逐渐式微，但依旧有人利用博客推广，并且效果不错。

而微博如今已经成为火爆全网的社交平台，据财报显示，截至 2021 年四季度末，微博月活跃用户达到 5.73 亿，同比增长 10%，日活跃用户达到 2.49 亿，同比增长 11%。虽然从数据来看，微博的用户增长趋势呈现放缓的趋势，但是从整体来看，其引流价值还是很大的。

下面我们分别介绍博客和微博的引流方法和技巧。

第一，博客引流。

在博客引流前，我们首先要围绕项目的主题来拓展大量的长尾关键词，你也可以去百度搜索引擎搜索关键词，一般搜索出来的页面下方就有很多长尾关键词。当然，你还可以去一些拓词的网站搜集长尾关键词。找到这些词汇之后，通过百度指数查看一下它们的热度，然后根据词汇的热度和指数去产出文章。

比如，你售卖的是婴儿的衣服，那么搜索出来的长尾关键词可能有：

国内十大婴儿品牌衣服　　婴儿尺寸和月数对照表

婴儿服装品牌　　小宝宝的衣服一般多少钱

比较出名的婴儿衣服牌子　　婴儿 0~24 个月衣服尺寸表

婴儿衣服怎么卖　　婴儿衣服种类

婴儿衣服图

将有热度的长尾关键词组合在一起，就可以生成一篇文章的标题。比如“婴儿衣服哪个品牌质量好，需要多少钱？”

生成标题之后，我们就可以写一些原创软文，以此来推广自己的产品。另外，为了让文章有好的收录和排名，我们需要在文章关键的地方加以优化，比如在开头和结尾处将关键词描红，或者加粗，或者插入超链接，这样更有利于搜索引擎抓取。

博客除了可以用软文推广引流，还可以用评论推广引流。具体来说，就是在其他博主的文章下面留言和评论，这个评论一定要具备价值性，换句话说，能让别人看了你的评论或者观点之后产生共鸣，或者得到好的解决问题的办法，否则无法达成有效引流的目的。

第二，微博引流。

在你注册微博账号后，做的第一件事就是快速将账号养成实时号。那么什么是实时号呢？它是与普通号相对而言的。普通号发布的内容只有粉丝和朋友可见，在输入关键词搜索时无法展现，而实时号发布的博文则展现量较大，选取博文中一部分文字进行搜索，能在综合或者实时版面搜索得到。所以，相对于普通号而言，实时号更具商业价值，利用实时号可以把博文推送给潜在用户，它可以帮助你实现上热门的愿望。因此实时号也被人们称为“热搜号”。

那么如何做才能将微博的账号快速养成实时号呢？第一点，你需要完善个人资料；第二点，要参与微博的话题讨论，增加账号的活跃度；第三点，你还要坚持发布一些原创内容，这样才能被平台收录，从而为后面的引流推广做好准备。做好这三点可以帮助你快速养成微博的实时号。

当你的账号成为实时号后，接下来就可以考虑引流的问题。关于微博引流的话题前面章节有简短的说明，下面我们详细介绍一下微博引流的方法和技巧。

（1）热门微博下评论。在新浪微博里，经常会产出一些热门的内容，这些内容的评论区正是引流的最佳所在，我们可以回复热门内容的精彩评论来截流。要想达到好的截流效果，我们需要注意：回复的内容要引起大家的共鸣，或者发表的观点深刻犀利，让人眼前一亮，这样才能获得更多人的认可和点赞，当点赞数量越来越多时，你的评论才能获得很好的排名。排名越靠前，你获得的曝光量和关注度就越高；评论的内容最好与热门话题相关，否则无法实现自然地引流。

（2）参与热点话题。要想快速引流，参与热点话题的讨论是一个不错的选择。选择与自身服务或者产品相关的话题，然后发一篇博文，这篇文章既要跟热门话题相关，又要将品牌的广告信息软性地插入其中，这样当人们看到这个热门话题时，你的推广内容也会被展现出来。

（3）参与超级话题。超级话题具有很多流量，所以我们也可以到这里来引流。引流有两种方法：第一，选择相关领域的话题进行“干货”输出，你的优质内容会吸引一大批粉丝，当粉丝累积到一定程度就可以软性植入广告引流。在此过程中不要附带联系方式，你可以引导用户主动到你的个人简介里寻找联系信息。第二，申请成为超话主持人，这个时候你就有管理权限了，但个人权限越大，申请的难度也就越大，它对账号有一定的要求。如果你是新手的话，建议还是以输出内容为主，等你参与发表的帖子多了，签到的次数多了，自然有成为超话主持人的可能。

（4）做活动。顾名思义，就是通过免费活动吸引客户。比如点赞转发某条内容，可以抽奖，或者免费收到礼物，人们出于占便宜的心理，会自动地帮你扩散内容，以此达到引流目的。

（5）发布文章。撰写新浪博文时，不仅要合理分布内容中的关键词，还要让你的标题中带上用户经常搜索的关键词。只有这样，文章的内容才有可能被搜索到。如果你的内容原创度高，质量好，还有可能获得站外的流量，从而被更多的人看到。

除了上面介绍的几种方法，我们还可以主动发信息给其他人，只不过这项操作要求你具备一定的语言艺术。

总而言之，微博日活跃用户众多，如今已然成为众品牌和商家的流量洼地，如果你也想从中分得一杯羹，不妨按照以上引流方法尝试一番，相信会有意外的收获。

阿里系平台：这四种引流实操方法你值得拥有

阿里系的产品往往也有很多流量。其中流量最多的莫过于淘宝网站，所以为自己的淘宝店铺引流，最合适的方法莫过于站内引流。除此之外，我们还可以去淘宝站外引流，站外引流的渠道也有很多，比如阿里博客、阿里论坛、大鱼号等。虽然它们的流量不及淘宝，但是只要方法得当，也能取得不错的引流效果。

下面我们就店铺引流的问题详细说明。

第一，站内引流。

淘宝站内引流分为免费和付费两个类型。免费的流量主要来自“自然搜索量”和“手淘首页”，而付费流量则是通过“直通车”“淘宝客”“钻展”获得。

（1）自然搜索量。店铺应该如何获得自然流量呢？一方面，买家在搜索框输入关键词就有可能搜到你的店铺和产品。另一方面，你的主图足够有吸引力，也会促使买家点进去。这就是自然流量的两个来源。为了更好地获得这些流量，我们需要做以下两件事情：

其一，优化标题的关键词。淘宝规定标题的字数不能超过 30 个字符。所以，在这有限的空间里我们一定要尽力优化关键词，方便搜索引擎抓取，从而出现在买家面前。那么应该如何设置标题的关键词呢？一般标题都是以“大词 + 属性词 + 形容词 + 卖点”的形式出现的。如果你的权重和销量不高的话，尽量找一些竞争较小的关键词，这样你的产品才有可能得到最大的展现机会。另外，标题里不要有空格，也不要带有违禁词，比如功效类、承诺性描述等，更不要虚假夸大，只需要客观描述产品的特性就好。总而言之，标题里的关键词关系着你店铺的人气和销量，在选择的时候一定要慎重。如果你觉得选择起来有点困难的话，不妨使用第三方工具来查询，比如，查电商、手淘每日热搜词、蓝海词挖掘工具等，它们可以帮助你获得很多选词的灵感。

其二，主图有明显的差异。主图是一家店铺的门面，如果主图设计好了，会获得更多的自然流量以及销售业绩。那么我们在设计的时候，需要注意些什么呢？首先，一张好的主图一定要包含产品的卖点和亮点；其次，为了抓人眼球，在颜色选取方面不妨大胆一点，给买家带来视觉的冲击；再次，主图的风格要符合目标客户的审美，同时也要和产品的风格一致；最后，主图大小尽量不要超过500k，否则会影响加载的速度和展现的机会。

总之，只有做好标题关键词的优化以及主图的设计，才能提高客户点击率，也才能抓住流量。

（2）手淘首页。手淘首页，即手机淘宝客户端首页。它是消费者第一时间就能浏览到的内容，如果我们的店铺能够在这里展示，那么被点击的概率会大大提升。那么如何才能占到这个位置呢？拥有“皇冠”或者“钻石”等资质是进入手淘首页的敲门砖，如果没有这些资质，那么你的店铺以及产品就无缘这个特殊的位置。

淘宝的搜索引擎是根据买家的标签与店铺的标签、产品的标签进行流量匹配的。如果你的标签设置得够精准，那么被匹配的概率就会高很多，进入手淘首页的可能也很大。当然，仅有这些还是远远不够的，想方设法做好商品的主图点击、收藏加购，以及标题的优化，才能为引流打好基础。

（3）直通车。淘宝直通车是为专职淘宝和天猫卖家量身定制的，按点击付费的营销工具，为卖家实现商品的精准推广。它是由阿里巴巴集团下的雅虎中国和淘宝网进行资源整合，推出的一种全新的搜索竞价模式。

（4）淘宝客。淘宝客是一种按成交计费的推广模式，也指通过推广赚取收益的一类人。淘宝客只要从淘宝客推广专区获取商品代码，任何买家经其推广（链接、个人网站、博客或者社区发的帖子）进入淘宝卖家店铺完成购买后，就可得到由卖家支付的佣金。通过这种方式，卖家也能获得一定的流量和销量。

（5）钻展。它是淘宝钻石展位的简称，淘宝钻石展位是淘宝网图片类广告位竞价投放平台。淘宝钻石展位是为淘宝卖家提供的一种营销工具，它凭借图片创意吸引买家点击，从而获取巨大流量。淘宝钻石展位主要分成三种推广方式：单品推广、活动店铺推广、品牌推广。

这类付费的方式虽然能够帮助你提升排名，获得更多的展现量，但是如果店铺自身的基础没有打好的话，不建议采用。因为有了展现量不一定能成功引流，如果店铺的基础没有打好，照样无法抓住这些流量。

第二，站外引流。

（1）博客推广。我们可以通过详细的策划、组织和运作，在阿里的博客平台发起一系列活动，通过活动推广自己的产品或者服务。

（2）论坛推广。阿里巴巴的论坛也是我们营销推广的一大阵地。只不过在这里引流，我们需要设置一个醒目的标题，产出高质量的内容，这样才能保证推广的效果。另外，帖子有被删除的风险，我们要尽力维护、顶帖，多与其他跟帖人互动。

除了博客、论坛，我们还可以通过大鱼号、邮件以及间接网站等引流拓客，因为篇幅有限，在这里就不一一赘述了。

第三，做好产品布局。

店铺的流量好不好与店铺的产品布局也有关系。在前面的内容中，我们也提到过，一个店铺里既要有引流款、活动款，还要有利润款以及上新款等。款式齐全会更加吸引客户的眼球。

第四，做好售后服务。

淘宝店铺的售后质量关系着客户的复购率，也关系着店铺的持续流量。为了不让客流量减少，我们需要对用户的提问做出及时的回复。另外，必要的引导和推荐也是不可少的，这样可以提高客户的满意度和成交量。而当客户一旦获得了好的体验感，那么他再次复购的可能性就很大，这样你的流量也提升了。

流量是每个淘宝店主都关心的问题，但是往往很多运营者只知道引流的必要性，但不知道应该如何操作，相信上面这些引流方法和技巧能让大家有了引流的思路和方向。

直播视频平台：揭秘短视频高效引流的套路

5G时代的到来，催生了短视频这个巨大的流量池。作为商家或者企业应该顺势而为，入驻其中，抢占流量的先机。一般来说，常见的直播短视频平台有抖音、快手、微视、秒拍、斗鱼、小咖秀、熊猫等。怎样才能通过这些平台实现高效引流的目的呢？以下是详细的说明和介绍。

第一，创作优质内容引流。

在这个内容为王的时代，如果你无法持续创造出优质的内容，那么根本就留不住客户。反之，如果你的短视频内容有独特的创意，能给用户带来思考，引发用户强烈的共鸣，或者让用户产生愉快的情绪，那么就可能成为爆款。爆款内容有一个优势，就是流量大，能触达的用户群体庞大，这样一来，引流效果就非常好了。

第二，内容要与产品相关联。

短视频的内容不仅要优质，还要跟产品有一定的关联。如果我们能将产品的功能属性完美地融进短视频内容中，那么不仅不会引起用户反感，还会激发他们关注和购买的冲动。

比如，美团的抖音官方账号在七夕节那天联合著名作家琼瑶推送了一个标题为《七夕花语》的短视频内容。

“你们好，我是琼瑶。今天是七夕佳节，一个关于爱的日子，我写了‘爱’一辈子，直到今天，我依然在继续认识爱。爱有千万种语言，花是我最喜欢的一种，‘紫薇’海誓山盟，‘菟丝花’相依相守，‘梅花’生死相随，我深信这般艳丽灿烂的花是爱。可花有花期，爱也如是。当灿烂夺目，困于柴米油盐，风花雪月也只是昙花一现，爱啊，有地久天长的爱吗？”

“爱啊，地久天长的爱，一个西瓜，两把勺，是微不足道的小事；两人斗嘴后，立刻一起笑，是脱口而出分手后的道歉；是生病时通宵续杯的温水；是一个纪念日，也许会忘记，但一定要补过。爱啊，地久天长的爱，不正是开在日复一日的关心里绵绵生长的花。今天做一顿饭，送她一束花，一块巧克力，一个吻，看一场电影，趁暮霭微醺，听细雨蝉鸣，聊到星星满天。动心容易痴心难，留情容易守情难。愿每一份爱情在平凡生活中盛开。”

这个短视频以琼瑶的口吻娓娓道来爱情的种种情状，在引发大家共鸣的同时，将美团送礼物的广告悄然植入其中，既加深了大家对美团的印象，也不会招人反感。

第三，设计一个引人入胜的封面。

短视频的封面做得好，就会勾起粉丝的好奇心，从而增加内容的点击量。反之，如果封面做得平平无奇，用户可能觉得没有意义就退了出去。

为了吸引用户的眼球，我们可以利用明星效应撰写封面的文案，比如“××同款口红！爱惨这强大的女王气场了”。另外，我们还可以在封面里为用户留一个问号，比如“三岁前的记忆去哪了？科学家给出了这样的答案”。

我们还可以在封面里加一些引发用户共鸣的话。比如“成年人的世界，没有回应就是拒绝”。

第四，优化短视频标题。

要想打造爆款视频，除了内容和封面，视频标题也相当重要。一个好的视频标题可以提升用户的打开率，吸引更多的流量。那么如何撰写短视频标题呢？其实它的套路和封面有很多类似之处。下面我们就为大家分享八个短视频标题的撰写方法，学会这些方法技巧，你的短视频的打开率和播放量会有质的提升。

（1）引发用户好奇，留下悬念。我们可以写一些暗示性很强的标题，先勾起客户的好奇心，引导其点击进来，在短视频内容里才告诉客户想知道的答案。比如“你以为僧侣打坐只是简单一坐吗？看完这个你就明白事情并没那么简单。”“× × 第一人临终爆料，发现不明飞行物，揭秘美国不愿公开的秘密！”这些标题会勾起用户忍不住一探究竟的好奇心。

（2）直击用户痛点。如果你的标题能直接戳中用户的痛点，那么很容易引起他的共鸣，用户就会打开观看你的视频。

比如“以前总以为结婚后做什么事情都是两个人一起，后来才发现，做什么事情都是自己一个人。一个人带孩子，一个人做家务，干什么事情都是一个人，明面上过得挺好，但其中的心酸只有自己知道。”这个标题的文字朴实无华，但是它戳痛了万千宝妈的心，大家透过这段文字都回忆起了自己的心酸往事。最后，在用户强烈共鸣的作用下，这个短视频收获了 8.5 万个点赞，1.7 万个收藏以及 2.9 万个转发。

（3）“蹭”一“蹭”热点。标题上附带一些和热点相关的话题，可以获得用户更多的关注和讨论。

比如，在奥运会相关话题成为热点后，一位名叫“× × 妈妈”的抖音博主在她的账号上发表了一个关于亲子问题的短视频，她是这样写的：

“不知道各位家长看到没有？谷爱凌夺冠以后，全网都在追捧谷妈妈的教育理念，说孩子不愿意就不要强迫，上不上斯坦福无所谓，这些说得都对，但不适合你。为什么这么说呢？其实很多人都被碎片化的信息所误导了，他们只看到了谷妈妈的教育理念中那些爱与自由的部分，却忽略了两个细节，一是每个周末会开八小时的车送孩子去学滑雪，从不间断，这你做得到吗？二是每个暑假她都专程带孩子回北京，到海淀黄庄去补奥数，这你做得到吗？所以她表面上风轻云淡，实际上背后在全力地托举自己的孩子。”

“更何况，谷爱凌的家族基因加持也不是一般人可比的，她的妈妈是北大和斯坦福的毕业生，爸爸是哈佛的毕业生，爷爷是斯坦福的毕业生，姥姥是上海交大的女排队员，姥爷是名校的篮球队员，这样的基因配置要运动基因有运动基因，要智商有智商，有多少人可以比？所以我们普通人教育孩子，这些名人的育儿经千万不要生搬硬套。我们最应该向谷妈妈学习的，就是要尽全力去托举自己的孩子。静待花开是竭尽全力以后的不强求，而不是两手一摊的不作为。所以，各位啊，教育取决于父母的眼光，更取决于妈妈的眼光，你品，你细品！”

整个短视频的画面并不花哨，却借助热门话题引发了众多家长深刻的思考。后来，这个短视频火爆，成功为她引流了很多精准的目标客户。

（4）列举数字。众所周知，数字可以给人一种形象具体的感觉，用在标题中可以增加内容的说服力，避免标题显得苍白空洞。另外，数字的存在也会给用户营造一种很大的收获感。比如，“千万不要这样做 PPT！看完视频效率翻 10 倍。”“8 款冬装巧收纳，家里分分钟空出一个衣柜，3 分钟快速学会。”类似这样的标题让用户产生“看了就赚到了”“在很短的时间里获益很多”的价值获取心理。

（5）营造“反差感”。为了保障标题的创新性，大家不妨另辟蹊径，与传统固有的观念以及社会约定俗成的事物形成强烈的反差，这样就很容易吸引大家的眼球。比如，“开挂的童年！她 9 岁就写了 18 万字的小说”“会装疯卖傻的男人才最可爱”，这些标题通过对比反差来激发用户观看的欲望。

（6）引导用户参与分享。众所周知，用户的参与度越高，短视频的推荐量就越大，内容火爆的可能性也越大。所以，在标题里我们可以适当加入一些引导的话术，比如“如果你是视频里的这个女孩，你会做什么样的选择”“大家觉得这个专家说得有道理吗？”“大家觉得这种装修风格好看吗？”这样的问题，可以很好地激发用户的分享欲望。

（7）用利益牵引用户敏感的神经。所谓的“利益”二字，包含的内容非常广泛。除了金钱，还可以指代各种各样能满足自身欲望的东西。比如荣誉、权势、地位、情感等。只要能给用户带来实实在在的好处，那就是其利益所在。

短视频博主可以利用人们“趋利”的心理特点，提升用户的观看欲望。抖音账号“× 机一动”里有这样一个短视频标题：“这 5 款网站能帮你月薪过万，不信你也试试。”再比如，抖音账号“× 鹏健身减肥规划师”里有这样一个短视频标题：“十倍减肥效果 HIIT，让你一个月暴瘦十五斤不是梦。”用户看到这些对自身有好处的东西，自然无法拒绝。

（8）利用成功人士和权威机构背书。一些成功的人物或者权威的机构天然具有一种说服力和号召力，老百姓对于他们非常感兴趣。因此，为了更好吸引用户的眼球，短视频博主在撰写标题时可以充分引用成功人士的案例或者语录，从而使用户产生点击的欲望。

特别提醒大家的是，视频标题的撰写除了要运用一些方法和技巧，还需要添加跟产品或者服务相关的关键词，这样有利于用户搜索的时候及时显现出来，从而增加曝光量。

第五，时长要短。

短视频时长一般限制在十几秒即可，如果时间过长，承载的信息量过大，可能人们根本没有耐心看完。这样一来，就会导致你的完播率变低，推荐量也会因此受到限制。

在经过上面一系列的操作之后，我们的短视频内容会获得一定的曝光量，这个时候我们就要设置好基本信息，一方面用户主动添加我们的联系方式。比如，你可以在自己的账号简介上填写自己的联系方式，也可以将自己的快手账号或者抖音账号设置成和微信账号一模一样的，并且在资料介绍一栏将这个情况加以说明。如果用户对你感兴趣的话，他们会通过这种方式主动加你为好友。

第六，打造矩阵。

以上就是内容引流的几个要点和技巧。除此之外，我们还可以通过直播为自己引流，也可以通过打造矩阵、批量运营的方式为自己构建一个稳定的粉丝流量池。关于直播引流的话题，我们已有详细说明，这里不赘述。下面我们重点讲述矩阵搭建的注意事项和引流方式。

矩阵分为平台矩阵和账号矩阵两个方向。平台矩阵就是我们在多个短视频平台进行账号内容输出。比如，美团外卖，既在抖音上有宣传账号，又在快手上建立推广阵地。账号矩阵就是，我们在一个短视频平台进行多账号内容输出。比如，“× 糕妈妈”在抖音开设了一个官方账号，同时又申请了“× 糕妈妈挑好物”“× 糕妈妈售后”等多个账号。这就是账号矩阵。

我们在搭建矩阵时，首先要明确各个账号的定位。有了明确的定位之后，我们在接下来的内容创作和运营过程中才有明确的方向。其次，每个子账号都要有明确的目标人群。比如京东在抖音上有自己的主账号，除此之外，它还设立了“京东金融”“京东物流”“京东电器”“京东超市”“京东生鲜”等其他子账号。这些账号都有属于自己的目标群体，从账号名称就可以看出，它们能满足不同客户的需求。最后，账号的风格要保持一致。不管是平台矩阵，还是账号矩阵，我们更新出来的内容风格不能有明显的差异，否则你的创作难度会加大，作品的质量和引流的效果也会受到影响。另外，如果矩阵账号之间的风格差异较大，很难给客户留下深刻的印象。

利用矩阵引流时，我们可以采用以下几种方法。

（1）评论区互动或者 @ 对方。短视频的评论区是很重要的，在这里，有很多“神”评论，它们或言语犀利，一针见血地点评某种现象，或诙谐幽默，调侃某个行为。所以，我们如果要引流的话，可以在评论区互动 @ 对方，并且将互动的内容置顶，这样可以激发用户的好奇心，从而促使其关注小号。比如，搞笑领域的创作者“× × 哥欢乐多”已经拥有九百多万的粉丝量，所以他的视频评论区非常热闹，人气很足，于是该账号会在评论区跟另一个矩阵账号“× × 嫂”展开互动，互动的内容围绕视频的剧情展开，粉丝在互动的过程中也会特意关注一下“× × 嫂”，以防止错过他们发布的精彩内容。

（2）客串合拍视频。抖音账号“× 维啊”“× 小轩”“× 大悦”“× 野密探背锅侠”属于同一 MCN 机构下的账号，这些账号里的演员互相客串，互相引流，都做成了拥有百万级粉丝的大号。

（3）标题区互动或 @ 对方。短视频的标题区也是一个很重要的位置，如果你的标题文案写得足够吸引人，那么会大大提升视频的完播率和点击率。所以，我们也可以在标题区与重要的账号互动，以此完成引流。

除了上面提到的方式，我们还可以在个人介绍中标注小号，或者直播互动中推荐小号。这些方法都可以将小号快速带动起来。

建立矩阵账号是商家或者企业高效引流的一个重要方法，不过需要注意的是，同时经营多个账号需要花费大量的时间和精力，如果没有足够的精力，最好不要建立太多账号，否则无法达到理想的效果。另外，做矩阵账号时最好先把一个账号做起来，有了这个账号的信任背书以及庞大的粉丝支持，另一个账号引流才容易一些。

线下引流：实体店如何低成本高效率获客

引流渠道分为线上和线下，我们前面几个小节讲的都是关于线上的引流方法，这一节详细讲述线下的引流技巧。与线上的店铺相比，线下的实体生意用户看得见，摸得着，更容易产生信任感，所以从理论来讲，实体店引流成功的概率更大一些。可即便如此，很多线下的实体店铺依旧举步维艰，难以获得大量的客户，这是为什么呢？原因无外乎以下四点。

（1）实体店铺受地理位置的限制。我们都知道，实体店铺固定在某个特定的地理位置上，所以它吸引的大部分用户来自周边。如果店铺没有开展线上业务，那么流量自然少得可怜。

（2）用户担心信息泄露。实体店铺在引流拓客的过程中，自然会添加一些客户的联系方式。在这个过程中，有些警惕性比较强的客户就会担心，如果添加成功后，自己的隐私会不会被泄露，是否会有被骗的风险等。出于这种原因，引流变得困难起来。

（3）用户没有购买需求。我们在逛街的时候，经常会收到美容、瑜伽、健身、游泳一类的小广告，可是很多用户对这些业务根本没有需求，所以店铺的引流推广效果就会大打折扣。

（4）用户担心被店家打扰。很多店铺一旦添加了用户的微信，不是想方设法建立信任，维护感情，而是不停地推送产品的信息或者优惠活动，这导致用户非常反感。这样的操作很明显会给引流带来困难。

了解了引流路上的种种阻碍之后，我们就能针对这些阻碍制订出合理的解决方案。一般来说，在引流过程中，我们可以适当地给用户营造一些优越感，比如“添加店主的微信，可以优先参与店内的抽奖活动”；也可以给用户一种“占便宜”的感觉，比如，“加好友，到店消费可以享受 8.8 折”“添加好友，并将活动内容分享到两个微信群，可免费获得一个大肚杯”，这样也能增加用户关注你的决心。另外，你还需要在引流的时候，选择合适的地点，合适的人群，这样才能吸引到精准的客户。比如，你是一位健身器材的经营者，那么你的推广地点应该选在大多数年轻人聚集的地方，比如商场门口、购物街、电影院等，而不应该选在老年人跳广场舞的地方，这样你是无法获得精准客户的。

线下引流除了要关注用户的心理动态，还要了解引流的一些方式方法。一般来说，线下引流有以下六种方式。

第一，爆款产品引流。

选择一款大众都在使用的产品，摆放在店门口，然后以低价促销，以此吸引更多的流量。当客户进入门店之后，你就可以多加引导，通过利润款产品获取收益。

第二，赠送礼物引流。

当客户消费的数额达到一定程度之后，赠送给他们一个小礼物。或者在逢年过节的时候给一些忠实客户和 VIP 用户赠送礼物，表达你对他们的关怀，这样也能培养用户的忠诚度和信任感，从而给店铺增加更多的流量。

第三，张贴广告引流。

这是线下门店引流推广最普遍的一种方式。我们在张贴广告的时候，一定要选择人流量比较大的地方，比如电梯口、火车站、商场门口或小区门口等。这样才能被更多人看到，引流效果才能得到保障。

第四，免费体验产品或者服务引流。

人们都有一种想占便宜的心态，所以商家可以利用用户的这一心理，为他们制造免费体验的机会。在体验的过程中，人流量就会增加，其他项目的消费也有可能产生。

第五，抽奖活动引流。

很多商场为了吸引顾客、刺激消费，经常在门口举行购物抽奖活动。这种活动既能调动人们购买的积极性，还能给商场制造一种热闹的景象，从而吸引更多的客户前来。

第六，与快递合作引流。

快递具有很强的流动性，所以聪明的商家懂得利用这个特性，和快递人员通力合作，以此达到引流的目的。

以上是线下引流常用的六种方法。我们在使用的时候具体应该采用哪种方式呢？这就需要根据客户的不同状态选择和调整。比如，对于那些没有到店的客户，我们可以用张贴广告、与快递合作的方式吸引他们进入自己的店铺；对于那些到店客户，我们的侧重点是如何提升客户的转化率以及培养用户的忠诚度，只要引流方法对这个目的有利，那么我们就可以采取它；对于那些到店铺消费过的老客户，我们可以通过赠送礼物等方式增强用户的黏性，提升他们的复购率，同时要积极引导他们为店铺裂变新的客户。

最后，提醒大家的是，线下引流要注意把握合适的时机。一般来说，在用户试用、询问优惠，或者结账的时候，引流效果最佳。因为这个时候，你可以找到添加用户的充分理由。比如“您加一下我的个人微信，我给你推送一个内容，这里面详细介绍了洗涤这款羽绒服的正确流程。”“您在这里填写一下表格，就可以成为我们的会员，到时候给您享受7折优惠。”“您买完这件衣服，如果回去有什么问题，随时微信联系我。”这样的话术，这样的时机，把握住了，拿捏好了，就可以获得一大批客户。

地推引流：这些实用技巧和有效话术你一定要了解

我们在逛街的时候，经常看见有人举着二维码要求路过的行人扫码加好友，添加完毕之后，还会赠送一个小礼物。这种推广模式，就是地推。地推顾名思义，就是地面推广。不管是线上的店铺还是线下的企业，都可以通过地推的形式达到引流拓客的目的。

与互联网的推广形式相比，地推的成本相对来说更低一些，而且所获得的流量真实有效，不容易作假。更重要的是通过地推获得的目标群体更加精准，并且转化率更高。基于它的种种优势，很多商家都愿意选择这种方式进行引流推广。

在引流推广的过程中，有些地推人员看到目标用户，就直接上前索要用户的联系方式，比如“您好，我是一名刚毕业的大学生，目前正在自主创业，您能加个好友，支持一下我吗？”这种零成本的地推失败的概率很大，所以不建议使用。一般为了更好地达到引流的目的，我们在做地推之前需要做以下准备：

第一，准备物料。

在推广之前，我们要准备好推广用的桌椅以及宣传名片或者传单；为了加深用户的印象，吸引用户的目光，我们在地推之前还可以统一服装；推广的地方还应该摆放好需要赠送的小礼物，或者产品试用装。有了利益，用户才有关注的动力。

值得注意的是，这些小礼物虽说是为了调动用户参与的积极性，但是不要选择太贵的，否则引流的成本过高，得不偿失。一般我们可以选择抽纸、指甲剪套装、抱枕、洗衣液、气球、不锈钢脸盆、保温杯、雨伞、化妆包、碗具等。针对不同的引流地点可以选择不同的礼物。

第二，选择地址。

地推的选址要根据自己的目标用户而定。如果你推广的是生鲜 App，那么可以选择小区门口；如果你推广的母婴用品，那么可以选择宝妈集中的地方；如果你推广的是保健品，那么你可以选择老年人经常出入的地方。总之，地址选对了，引流能更加高效。另外，在进入场地引流之前，我们需要事先跟场地的负责人沟通，如果缺少这一步骤，很有可能会让你受到处罚。

第三，人员准备。

地推的时候可用 3~5 人，有人负责介绍产品，引导用户关注二维码，有人负责发放礼品，有人负责派送传单等。这样分工合作，效率更高一些。

第四，话术准备。

在引流推广之前，我们需要事先准备好要说的话，比如在第一次接触客户时，怎么做自我介绍；在介绍产品时，怎样能体现出产品的优势和卖点；在引导用户关注的时候，怎么说才显得自然合理。只有提前考虑好这些话术，在推广的时候才能避免出现磕磕绊绊，或者引导不到位的尴尬。

一般来说，在推广的过程中，我们应遵循这样的步骤：

第一步，自我介绍，表明来意。比如，“您好，叔叔 / 阿姨 / 大哥 / 大姐 / 美女 / 帅哥……打扰一下，我是 ××× 公司 / 门店 / 品牌做 ××× 的，我想让您了解一下我们公司的一款产品”。

第二步，抛出诱饵，引导用户关注。比如，“如果您能关注一下这个公众号 / 下载这个 App，那么可以免费领一个充电宝。”如果你有推广的试用品，不妨让用户当场体验一下，愉快的体验既可以加深他们的印象，也能为后续购买打好信任的基础。

第三步，在获取联系方式后，提醒用户记得及时反馈。比如“以后有什么问题，记得随时联系我们”。整个过程，解答要有耐心，说话要有礼貌，这样才能博得客户的好感。

另外，为了引流效果能够达到最佳的状态，我们在地推的时候尽量保证自己的讲解幽默风趣，引人入胜。当然，礼仪、礼节也是我们应重点注意的，如果我们说话的时候体态不端，说话有气无力，讲话生硬，眼神飘忽，就无法给用户留下一个专业的印象。还有，我们在引导用户的时候，要记得把握话语的主动权，千万不要被用户的各种问题困住，从而被他们牵着鼻子走，这样不利于引流推广的顺利进行。

最后提醒大家，在地推完成之后，记得进行用户的维护以及流量的转化。如果缺少这一步，那么整个地推活动将失去意义。

第六章
留存养熟，扣紧企业盈利的核心环节

如何有效解读客户的留存指标

经过前期一系列的引流操作后，我们接下来要考虑的就是客户的留存问题。所谓的客户留存就是指一个企业在一段时间内留存客户的能力。我们都知道，只有那些愿意留下来，并且能够与之建立长期交换关系的流量才有实际价值。所以，客户留存率决定着商家流量变现的能力。

为了能有效抓住有价值的流量红利，我们必须要做客户留存的指标分析。一般来说，看客户留存得好不好，可以通过流量池中客户的流失率和留存率来判断，也可以通过日活跃用户数和周活跃用户数判断。

我们拿某个微信公众号举例，如果每天推送的文章打开率、点赞数、转发率都不错的话，就说明账号用户活跃程度挺高，留存率挺好。反之，假如每天推送的文章互动量很差，或者每日取关人数较多，则说明该账号的留存率很低。

一般客户的留存率可以通过下面这个公式计算：

留存率 = 第一天新增的用户中，往后第 n 天仍然使用该产品的用户数 ÷

第一天新增用户数 ×100%

一般情况下，这里的 n 通常取 2、7、14、30，即统计老客户的第 2 天、第 7 天、第 14 天和第 30 天的留存率。

（1）次日留存率。即用户使用第 2 天的留存率。这个数据既可以帮助我们判断渠道的优劣，还可以反映产品对用户的价值。如果次日留存率不高，那么就要考虑是否减少渠道的投入，或者是否修改引流策略。

（2）7 日留存率。即用户使用后第 7 天的留存率。在这里已经把时间拉长到新增日之后的第 7 天，在此期间，用户基本上对产品或者服务有了完整的体验，如果这个时候留存率不理想的话，那么我们就可以考虑产品或者服务是否需要进一步优化。

（3）月留存率。即在新增日后的第 30 日统计收集的数据指标。一般来说，一个移动 App 版本的更新迭代以一个月为周期。如果月留存率不高的话，可能是因为产品还没有令客户满意。为了避免客户流向其他竞争对手，我们需要及时修复存在的漏洞，还要根据用户反馈和市场的变动进一步做出调整，增加新的功能，优化细节，争取给用户更好的体验。

以上就是按照时间线整理的客户留存指标。一般来说，客户的留存大致会分为三个阶段：开始的动荡期、中间的选择期、结尾的平稳期。用户留存率的大小跟产品或者服务的质量有很大关系。如果产品或者服务对于用户而言有很高的价值，那么他们留存下来的可能性会很高；相反，假如我们提供的产品或者服务无法满足用户的需求，那么留存率自然会有所下滑。

为了提升客户的留存率，我们需要不断地让产品和服务升级换代，以满足用户在不同阶段的不同需求。

盘点客户流失的九大原因

为了长远发展，很多商家会想办法拓展客源。但是大部分商家在获得新用户的同时，也会为客户存量问题感到头疼。前期挖空心思获得的客户，后期迅速流失，这种糟糕的状况对于每个商家而言都是一个大的考验。那么客户留存率为什么会这么低呢？下面我们一起盘点一下客户流失的原因。

第一，糟糕的用户体验。

有些客户在红包的诱惑下进入了某个购物的社群，在这里买了几单后，发现产品的质量实在太差劲，客服的售后工作也不积极。有了几次糟糕的购物体验，客户早已对这个社群失去了信任，后期根本没有购买的可能，于是果断退出了这个购物群。

第二，缺乏良性互动。

很多运营者在把客户聚集在一个社群之后，就给社群里安装上机器人助手，然后任由机器人助手发单，自己则对客户不管不顾。时间久了，用户就逐渐淡忘了这个社群，最后社群成了一个死群，出单率也接近为零。

第三，承诺未兑现。

很多商家在引流的时候会用到积分兑换、优惠打折、赠送礼物等套路。但是一旦将用户吸引过来，之前承诺的那些好处就找各种理由和借口不给予兑现。这严重引起了用户的反感，所以用户流失也成了一件必然的事情。

第四，用户被过度骚扰。

有些商家在把客户吸引过来之后，会迫不及待地推销自己的产品或者服务。有时为了提升业绩，他们会不停地给用户推送产品的信息，一天推送好几十条消息，这种狂轰滥炸的方式严重打扰了用户的正常生活。用户在不堪其扰的情况下，自然会选择拉黑或者删除商家的联系方式。

第五，竞争对手的冲击。

现在是一个信息透明的时代，如果你的产品质量和价格不成正比，或者性价比不如竞争对手高，那么很快就会被用户获悉。趋利避害是人的本性，没有哪个客户会选择一个花钱多质量差的产品，所以很快他们就会跑到你的竞争对手的阵营里去。

第六，商家服务意识淡薄。

有些产品本来是很受客户认可的，但是在客户和商家沟通的时候，商家语气傲慢，或者咨询时不理不睬，或者回复留言语气生硬，这都会引起客户的不满。在如今这个供大于求的市场环境中，没有哪个客户愿意忍受着你的冷落继续购买你的产品。所以，客户流失也是一件自然而然的事情。

第七，产品不再符合用户的期待。

有时客户之所以追随你，是因为你的产品风格符合他们的审美需求。假如你的店铺为了追赶时髦，引进一些带有流行元素的产品，那么客户有可能会因为不喜欢而选择其他竞争对手的产品。

当然，还有一种可能，就是你的店铺突然引进一些高端奢侈的产品，原来性价比高的产品大幅减少，这样的做法很显然超出了用户的预期，于是渐渐地，他们不愿意再在你这里消费。

第八，店铺内的产品过于单一。

店铺产品数量少、过于单一、同质化比较严重，也会引起客户的流失。不管店铺的产品质量有多好，如果品类比较单一的话，那么客户很有可能因为审美疲劳而“移情别恋”。

第九，单纯地依赖口碑和推荐。

有些商家仅依赖口碑和推荐获得了不错的流量，但是他们不会主动跟进客户，也不愿意开发更多的客户，久而久之，因为一些不稳定的因素，客户慢慢流失，这是一件非常可惜的事情。

以上就是客户流失的九个主要原因。明白了客户流失的原因，我们就能在以后的工作中查缺补漏，有的放矢，从而有效地挽留客户，提升店铺的客户留存率。

精细化客户运营提高留存率

当我们在某个电商平台购物的时候，该平台会记录下我们搜索的关键词、浏览的足迹、需要的产品类型以及价格的接受程度等，当我们再次进入这个平台时，它就会推送符合我们需求和爱好的东西。

当我们刷短视频的时候，如果对某个领域的内容浏览的时间过长，或者产生一系列的互动行为，比如点赞、转发、收藏，或者搜索某个关键词，短视频平台也会持续推送类似内容。

那么我们为什么会有这种被精准监控的感觉呢？这是因为这些平台都采用了个性化的智能推荐系统，该系统建立在海量数据挖掘基础上，目的是为用户提供个性化的决策支持和信息服务。这种个性化、精细化的运营基本满足了不同用户的需求，实现了产品和内容的精准推送，避免了客户流失。假如平台没有这种精细化的推荐，客户就会在浏览的过程中失去耐心，从而被竞争对手吸引。

由此我们可以得出这样一个结论：做好用户的精细化运营是提升客户留存率的关键。具体来说，我们可以通过以下两个方面细分用户。

第一，按照用户的基础属性分层。

首先，我们要看用户的性别是理智果断的男性消费者，还是感性犹豫的女性消费者；其次，我们要看用户是身处高度发达的一二线城市，还是生活节奏较慢的三四线城市，或者乡镇农村；最后，清楚用户的受教育程度是怎样的，他们的经济水平如何，消费能力处于哪个层面，对于用户的日常维护才有基本的依据。

第二，按照用户的行为分层。

根据用户登录、打开、浏览时长，以及消费行为等，我们可以将用户分为没有任何行动的潜在用户、仅参与过试听或者试用，但未产生购买行为的普通用户、有过购买行为的重点用户，以及有过多次购买行为的核心用户。这些用户的参与程度不一样，所以留存的方法和手段自然也是不一样的。

针对普通用户，我们要做的就是采取各种措施，建立他们的信任感，从而促使他们留在自己的私域流量池内，为后续的购买行为做好铺垫。对于重点客户，我们需要提供一些限时优惠活动，不断激发他们购买的欲望，以此达到使他们复购的目的。而对于核心用户，我们则需要进一步了解他们的内心需求，然后根据他们的具体要求，提供个性化的产品或服务。

除了以上提及的两个分类标准，我们还可以按照客户的购物偏好、购物能力、购物周期，以及互动关系，给他们各自贴上准确的标签。这样一来，我们在运营维护的过程中就能够有的放矢，事半功倍。

了解了精细化运营客户的方法和技巧，接下来为大家介绍一些精细化运营的工具，有了这些工具的助力，工作效率会提升很多。

第一，问卷星。

问卷星是长沙冉星信息科技有限公司旗下的一个专业的在线问卷调查、考试、测评、投票平台，专注于为用户提供功能强大、人性化的在线设计问卷、采集数据、自定义报表、调查结果分析等系列服务。与传统调查方式和其他调查网站或调查系统相比，问卷星具有快捷、易用、低成本的明显优势，已经被企业和个人广泛使用。

有了问卷星的助力，我们无须再使用人工发放纸质问卷的形式了解用户，也不需要辛苦地在群里统计用户的信息。通过问卷星，我们可以轻松征集到用户的反馈和意见，从而为进一步优化服务做好充足的准备。

第二，帮推客。

帮推客 App 是一个基于社交分享的免费营销推广平台，在帮推客你可以一分钟完成微信、微博、网页等社交媒体的免费推广，在显著提高公众号阅读量的同时搭建起营销人脉，完成种子用户的积累。

有了帮推客的助力，运营人员发布的内容就能与相应领域的意见领袖（KOL）进行自动匹配。另外，它还可以帮助运营人员清楚地了解分享到朋友圈的每一条信息的阅读量。

第三，坚果云。

坚果云是一款便捷、安全的专业网盘产品，通过文件自动同步、共享、备份功能，为用户实现智能文件管理，提供高效办公解决方案。有了坚果云的帮助，很多大型工作文件也能很快传递到每一个运营人员手里。另外，不同来源的文档、照片，在坚果云里也可以很快被找到。

最重要的是，如果将文件同步到坚果云，那么即便被我们不小心删除，也可以点击一下迅速恢复。此外，文件修改的历史版本也会被保存下来，只需单击一下即可将其恢复为任何一个历史版本。这些神奇的功能对于精细化运营、工作量巨大的运营人员来说，简直就是如虎添翼。

第四，创客帖。

创客帖是北京艺源酷科技有限公司旗下 SaaS 产品、在线设计平台。用户可使用创客贴提供的大量图片、字体、模板等设计元素，通过简单的拖、拉、拽就可以制作出自己所需要的设计图。同时，创客帖提供在线印刷定制业务，是专业的一站式营销物料提供商。有了这款制图利器，运营人员在给各类用户发放活动图片时就轻松简单很多。

总而言之，客户的精细化运营就是以用户为中心，拆解用户全生命周期的每个环节，再结合用户分层、需求定位、场景拆解、数据分析，对用户展开有针对性的运营策略。这样做不仅可以帮助企业或者商家留住客户，还有利于后续的转化。

利用归属感延长客户留存时间

管理大师彼德·德鲁克曾说过："企业经营的真谛是获得并留住顾客。"那么我们在获得客户之后，应该如何做才能有效地留住客户呢？除了我们前面说过的精细化运营，还要帮客户找到归属感。

那么何为归属感呢？它是指个体与所属群体间的一种内在联系，是某一个体对特殊群体及其从属关系的划定、认同、和维系，归属感则是这种划定、认同、和维系的心理表现。当客户对企业品牌具有归属感的时候，他就会发自内心地认同这个企业品牌，这种感觉使得客户愿意长久地停留下来，并且对品牌以及产品保持高度忠诚。那么作为商家或者企业应该如何打造客户的归属感呢？以下是三个有效的建议。

第一，真心对待客户。

网上有这样一个故事：一位保险公司的推销员经常去一位老太太家里拜访，到了之后，她会陪着老人一起聊天，一起散步，还帮助老人做一些力所能及的事情。经过长时间相处，两人已然成为一对亲密无间的母女。

然而不幸的是，有一天老人突然去世了。对此，这位销售员万分悲痛，她抽泣着参加了老人的葬礼。在葬礼上，销售员突然发现老人的灵堂前竟然摆放着另外一家保险公司送来的花圈，她感觉奇怪：难道老人还买了其他公司的保险产品吗？

这个疑惑在一个月之后解开了。一位自称是老太太女儿的人找到了这位保险销售员，跟她说了这样一段话："我是一家保险公司的经理夫人，我的母亲生前经常跟我提起你，母亲告诉我，你是一个非常真诚善良的好人，给她提供了很多帮助，也给她带来了很多感动和快乐，所以我今天来是特意向您表达谢意的。谢谢你这段时间以来的陪伴和帮助。"

这位经理夫人向销售员深深地鞠了一躬，然后哽咽着说道："为了表达我的谢意，我想向您购买一份保险。"这位销售员在惊诧感动之余，与那位女士签订了一份20万元的保单。

这个故事很好地向我们阐述了真诚的重要性。故事里的销售员正是因为前期一次次的真诚投入，才让顾客及其家属有了深深的信任感和依赖感，即便老人去世，老人的女儿依旧愿意为销售员的真诚和善良埋单。

总而言之，真诚是让客户产生归属感的重要条件。如果你待客户真诚友好，那么客户就会觉得你像家人、亲戚、朋友一样，非常亲切熟悉。但是如果你对待客户敷衍冷漠，那么客户也会觉得你像陌生人一样。你们之间只是冷冰冰的买卖关系，一次成交之后，或许他就永远消失在你的视线之外。所以，要想留住客户，就得打破单纯的买卖关系，用真诚建立一种亲切而稳定的信任关系。

第二，征求客户意见，让客户参与进来。

当客户为某个品牌下投入行动后，他们就会觉得这个品牌的产品同自己紧密相关，就不会轻易离开或者抛弃。

ThreadLess 是一家生产 T 恤的公司。在这个公司里，用户既是他们产品的消费者，又是设计者。据悉，在他们的一个拥有超过 250 万成员的消费者社群里，平均每天会收到来自社群用户的 1000 件左右的设计图。如果设计图有幸被选中，那么该成员会获得 1000 美元的奖励。这个方法既节约了公司的设计成本，还提升了用户的归属感，正所谓一举多得。

第三，传递的内容要引发客户的共鸣。

要想让客户产生归属感，企业传递的内容也要引发客户的共鸣。这种内心的震撼与共鸣可以唤醒消费者对于品牌的情感，拉近客户与品牌间的距离，还会促使客户成为品牌的忠诚拥护者。

在日常的客户维护中，我们应该怎么做才能引发客户的共鸣呢？

首先，我们要准确地抓取客户的需求和痛点。比如智联招聘公众号推送的文章有几个标题是这样的：《比职场内卷更可怕的是职场内耗：脑补太多，只会把自己“干掉”》《提出离职后，我终于敢真快乐了》《大城市讲规矩，小城市讲人情，回乡工作的人都后悔了？》《“玻璃心”在职场走不远，修炼钝感力才能开挂！》这些推文无一不踩着目标用户的痛点和需求，所以他们的文章总能引起目标用户的共鸣，而在一次次的共鸣中，目标用户渐渐地对这个公众号产生了深深的依赖和强烈的认同感。

其次，在内容中加入一些场景化的描述，唤起客户内心的回忆跟共鸣。那么什么是场景化的描述呢？读完下面的这几段营销文案你就了解了。

“明天起床后，你可以剥开一根菲律宾帝王香蕉，切开橙黄色的软糯果肉，把它丢进榨汁机里，加入鲜牛奶，旋转杯体，10秒之后就能喝到爽口的香蕉牛奶，香蕉的甜蜜和浓浓的奶香在嘴里碰撞，用好心情开启新的一天！”

“明早不要再去楼下买豆浆了，你未来一周的早餐是菠萝黄瓜汁、胡萝卜美颜汁、柳橙奇异果汁、柚子葡萄汁，以及特别来宾——黄金海岸蔬果汁！”

“想一想这个场景：晚上你口渴了，喝开水太乏味，喝高糖饮料不健康。于是你打开冰箱——全被新鲜的蔬果塞满了；飘着淡淡乳香的鲜牛奶、金灿灿的水仙芒果、带着露珠的智利蓝莓、香脆酸甜的车厘子……你的脸被冰箱照亮，你的心情也被瞬间点亮，最奇妙的是，随便拿出几样东西，很快就能榨出一杯美味果汁，带着舌头环游世界！更重要的是，营养健康，热量不高，没有负罪感！”

“我要提醒你：‘下次去瑜伽馆时，记得带上一杯淡紫色的蓝莓雪梨汁，提前警告你，你的同伴看到后肯定会围过来，好奇地问东问西，没办法，引领潮流的人难免会有这些小烦恼！’”

这是前奥美金牌广告人关键明在《爆款文案》一书中提到的一段文案，这段文案把产品植入目标顾客日常场景，唤起了客户的渴望和共鸣，所以它成功地留住了客户。

以上是提高客户归属感，建立客户忠诚度的三个有效方法。如果你的客户留存时间不足的话，可以试一试，相信客户留存时间会有所提升。

留存客户的五种常见模式

留住一位老客户的成本远低于获取一位新客户的成本。因此，为了节约企业的经营成本，也为了将企业的经济利益最大化，我们需要特别重视客户的留存。那么，怎样才能提升客户的留存率呢？要想解决这个问题，首先我们得了解一下客户从路人转为忠实粉丝的过程中需要经历哪些环节。

一般来说，理想的留存过程是这样的：客户抱着对产品的期待，开始接触并体验产品。在体验的过程中，产品的功能完全满足了客户的需求，于是客户一次次被触点激发，对产品留下深刻的印象。接着客户对产品产生依赖，最终成为留存客户。

了解了留存的各个环节之后，我们就可以根据其中的各个节点采取一定的策略，令客户产生黏性。以下是留存客户常见的五种模式，大家可以作为参考。

第一，搭建积分体系，留住客户。

留住客户的模式有很多种，建立积分奖励机制就是其中一种。如果没有这种方式，客户消费完一次之后就有可能流失。但是如果有了积分，就相当于给用户发放了一些优惠券，或者储存了一些消费折扣，等他们下次消费的时候就可以少花钱。这个操作有效提高了用户的活跃度，调动了他们的消费积极性，无形中让客户多次重复购买产品。而在购买的过程中，一个个触点满足了客户的需求，给他们带来良好的体验，这就为客户留存奠定了良好的基础。

了解积分制的重要意义之后，接下来我们介绍一下搭建积分体系的注意事项。

（1）积分分值要根据客户消费的金额确定。确定积分分值是一件很重要的事情，它关系到客户的切身利益。在确定的时候一定要同客户的消费金额挂钩，这样才能坚定客户消费的信心。如果买一百块钱的东西获得的分值和买五块钱的东西获得的分值一样，就无法激发客户消费的热情。

（2）制定积分获取方式。客户采取什么样的行动才能获得积分呢？一般来说，你可以让客户做任务、日常签到、关注公众号、转发分享、生日消费、购买新品、首次消费、参加问卷调查、客户推荐、完善自身信息、满足某个特定的消费次数、在企业促销活动时消费、购买一定的金额等，都可以获得积分。这个积分的获取方式可以根据企业的具体情况确定，分值也可以根据客户的具体行为而定。总之，不管怎样，这些积分规则一定要写得清清楚楚，便于客户理解，否则会影响客户参与的积极性。

（3）确定积分发放流程。制定好规则之后，我们还要给客户安排好积分发放和领取的流程。如果流程安排不清楚，那么客户参与时稀里糊涂，最后会不了了之。客户的体验感不好，有可能加快流失的速度。

（4）告知客户兑换渠道。很多企业为了留住客户，专门建立了积分商城。在这个商城里，用户可以用大量的积分兑换产品。当他们获得货真价实的东西时，就会觉得占了大便宜，之后也愿意留在你的店铺内积极地购物，这样你就又多了一名忠实客户。

第二，对客户进行分级管理。

为了更有效地提高留存率，很多聪明的商家根据客户盈利价值的差异制定了不同的服务模式，即对于普通用户、主要用户以及关键用户进行分级管理，实现客户资源价值和企业投入回报的同步最大化。

比如，知名的第三方支付平台支付宝就对不同的客户区分对待。芝麻信用分高的用户可以获得很高的花呗额度，还可以在租车时不用缴纳押金，更可以在旅游住宿时享受先住后付的权利等。

第三，利用签到营销模式留住客户。

签到营销是建立在人性基础之上的一种留人机制。这种机制满足了客户内心的需求，对于客户的留存起着重要作用，所以很多平台都采用这种营销模式。那么设立签到营销模式时，我们需要注意什么呢？

（1）在设置签到功能时，一定要帮助客户制定签到的周期。比如当当云阅读在 2020 年 4 月举行了一场盛大的优惠活动。其中就有一项签到福利，即连续签到 7 天，完成签到额外获得 10 元礼券，礼券满 10 元可用。当签到有了 7 天的周期之后，客户就会像做任务一样，做起来特别用心，而且做完也能获得满满的成就感。

（2）签到完成后一定要给客户好处。客户的利益才是牵引他们完成这项任务的根本动力，所以签到任务完成后，你可以给他们发放红包，也可以送他们优惠券，这些措施对于爱“薅羊毛”的客户而言丝毫没有抵抗力。

比如，美团曾经制定过这样的签到规则：“支付 1 元参与活动，美团成员都可签到瓜分奖金；每天至少签到 1 次，中断签到将失去签到资格，重新参与；每天 3 餐均可签到，签到次数越多，奖金越多，赶快加入吧！”很多人都想将这些奖金据为己有，所以他们拿出百分百的热情参与其中。

（3）签到方式不能死板。虽然签到能够带动客户的活跃度，还能带动平台的销量，但是这种方式持续时间长了，也很难让客户继续坚持下去，所以为了让客户有更多参与的动力，我们在设置签到方式的时候可以多一些新意。比如，微信曾利用朋友圈比拼走路步数的方式设置签到模式，也有一些平台采用早起签到的方式宣传健康的生活理念。这些签到方式融入了很多有意思的元素，从而让签到活动变得积极正面、有趣好玩，而客户也玩得不亦乐乎，不知不觉间就坚持了很久。

第四，用福利“锁”住客户。

趋利避害是人的天性，所以很多企业和商家就会不定时地给客户送一波福利，以此来留住客户。比如，中国移动在 2022 年 8 月就推出了“每月领 1GB 流量 + 留言送 15 元话费”的优惠活动。流量和话费是移动用户普遍需要的，这一活动的推出无疑为客户带来了可见的好处，所以人人都想参与领取。

另外，为了更好地借助客户的朋友圈宣传企业，实现裂变，它还制定了这样的规则：“评论区留言点赞第 1 名的用户可获得 15 元话费，第 2~3 名用户各获得 8 元话费，第 4~5 名用户各获得 3 元话费，第 6 名用户可获得 1 元话费。”

用户参与这种活动一点儿也不麻烦，还能获得实实在在的好处，所以用户自然乐此不疲地参与其中。移动也通过赠送福利的形式刺激用户，帮助他们养成了关注企业平台的习惯。

第五，用任务奖励模式提升客户留存率。

在前面的内容中我们曾提到了任务奖励的话题。制定任务奖励模式也是提升客户活跃度和留存率的重要手段之一。一般来说，点赞、收藏、转发、分享、评论、好评等行为便是平台给用户发布的任务，而用户一旦完成这些任务，就可以获得现金奖励，或者到平台兑换产品。

比如，某家儿童摄影店为了提高用户留存率，也为了吸引更多的流量，给客户发布了这样一个任务："原价 199 元的套餐，只需转发活动链接到朋友圈即可立减 100 元，只收 99 元，入册 5 张。"老用户一看价格这么划算，自然也愿意转发分享，等完成这个指定的任务，他们即可获得这样的优惠了。在此过程中，商家刺激了客户消费，也进一步加深了客户与自身的链接，从而为留住客户创造了很多可能性。

总而言之，留存客户是每个商家或者企业都应该关注的问题。为了更好地实现变现目的，大家不妨利用上述五种模式与用户保持联系，成功留住用户。

六个留存通道助你高效盘活客户

前面的内容当中，我们介绍了很多留存客户的方法和技巧，那么这些方法和技巧应该依托哪些载体去操作呢？或者说，依靠什么渠道高效盘活客户呢？下面我们推荐微信的六个工具：个人微信号、企业微信号、公众号、微信群、视频号、小程序，这是留存客户的六大通道。

第一，个人微信号。

个人微信号是企业或者商家建立私域流量最直接的手段，也是留存客户最及时的一种方式。利用个人微信号我们可以直接触达用户，在此过程中，它既不需要你花钱，也不需要你等待，更不受地域的限制。换句话说，当你需要向客户传递某个信息时，它可以快速、及时且直接地帮你免费传达，更重要的是，通过个人微信号还可以帮助你设立个人形象，建立用户信任，提升用户黏性。这样好的渠道自然是留存客户的首选。

需要注意的是，利用个人微信号向用户传达产品内容和产品价值时，一定不要狂轰滥炸，这种刷屏的形式会引发客户的反感，尤其对于那些购买意愿不强的人而言，更是一种压力和骚扰。如果不终止这种行为，反而会加快他们离去的步伐。

第二，企业微信号。

企业微信号是在企业版微信软件中申请的微信号。它是微信为企业客户提供的移动服务，旨在提供企业移动应用入口。它可以帮助企业建立员工、上下游供应链与企业 IT 系统间的链接。与个人微信号的容量不同，企业微信可容纳 50000 名好友。

另外，企业微信号功能完善，可以帮助商家有效维护客户。比如，企业微信里有客户管理与运营的板块，利用这一板块，我们可以添加客户，组成客户群；企业还有一些辅助功能；标签功能帮助商家对客户分层，并提供针对性的服务；群红包功能可以活跃社群氛围，提升社群的凝聚力。此外，企业微信号还为商家提供第三方应用的接口，这可以帮助商家更好地处理自身与客户的关系，收集客户的反馈意见，从而为客户提供高质量的服务。

企业微信号除了功能强大完善，被封号的可能性也很低。如果个人微信频繁添加好友、朋友圈发广告、被客户举报就特别容易被封号。企业微信号具备客户运营的功能，所以使用起来非常安全，完全不用担心有封号的风险。

第三，公众号。

我们在前文已提到公众号。虽说它的功能强大，服务全面，但如今红利期也确实过去了，那些起号早且内容优质的公众号早已将市场分割完毕，现在再想添加新的用户确实是一件困难的事情，不过利用它留存客户仍是一个不错的选择。

具体来说，我们可以为用户推送一些高质量的内容，给他们提供新知识，建立他们的忠诚度和信任感；可以使用公众号中的投票功能来查询用户的喜好，优化对客户的服务，以此提升他们的留存率；还可以利用公众号上的数据统计功能，分析留存率的走向，从而做出针对性的应对方案。

第四，微信群。

微信群已经成为当前主流的营销渠道，它借助超强传播效力可以帮助我们很好地维护核心用户。在群聊的过程中，既活跃了用户，又加强了商家与用户的联系。同时，当群内的一部分客户购买产品时，在从众心理的作用下，另外一部分客户也会跟着做出购买的决定。

我们要想构建一个高质私域流量池，提升用户的留存率，不妨在微信群里定时发红包雨，这是让客户记住群最好的方法。在设置红包的时候，记住秉持大包少数小包多数的原则，并且红包的封面上可以标注上你想要表达的话。

比如“最佳手气者可获得10元优惠券”“消费满100元获得一份小礼物”“祝大家国庆节快乐”“记得吃早饭哦”“晚安，好梦”“感谢大家的反馈”等，这些话既可以传递信息，又可以活跃群氛围，还可以让客户感受到温暖，从而培养出信任感和亲切感，正可谓一举多得。

当然，在群里维护用户除了发红包，我们还可以给大家发送一些福利，比如学习资料、产品使用技巧，输出这些干货内容有助于培养用户的忠诚度。

大家在设计群发内容的时候，一定不要过于随意。一般来说，你发出去的话最好能引起客户的共鸣，或者能引发他们的分享欲，同时也要传递出对他们的尊重以及关爱之情，这样才有利于打造一个温暖的、活跃的社群。

上面提到的群发信息，要选择在合适的时间段发布。一般晚上 8 点到 10 点是群发信息的黄金时间段，这个时候人们大多处于休息状态，因此消息被看见的概率会很高。另外，周末和节假日的发布时间和工作日的发布时间也要有所区别。

我们还要记得给微信群制定一些规则，这样才能有效维护客户，比如，禁止群内的人互相加好友；再比如，禁止在群内发任何形式的广告，不能吵架或者辱骂他人，更不能发一些负能量的东西，或者与本群主题无关的东西。制定这些规则非常有必要，这是商家经营和维护客户必备的工作，如果缺少这些管理，那么群内的客户体验会很差，而客户一旦对这个群不满意，势必会退群。

第五，视频号。

视频号是微信生态中的重要一环，视频号已跟微信的其他功能都建立了连接。用户可以看到他人分享的视频号内容，也可以将自己看到的视频号分享给更多的人看见。这有利于实现视频号在微信生态内进行传播和裂变。

在传播的过程中，只要你的内容足够有吸引力，一定会引得用户驻足观看，久而久之，你也会发展一批忠实客户。

第六，小程序。

微信小程序也是高效留存客户的一种手段。将小程序与社群、公众号、线下门店等相结合，可以形成营销闭环，避免不同端口间来回跳转的留存损失。我们还可以利用一些微信小程序对用户展开问卷调查，以此了解用户的内心需求，从而为留住用户做好准备。

以上就是留存客户的六个有效通道。大家在使用这些通道维护客户时，记得树立专业、温暖的个人与品牌形象，还要保证推送的内容具有价值感，切忌生硬无聊，这样才能最大程度地盘活用户。

第七章
转化升级，高效开拓“钱”景

从四方面入手，培养客户的信任度

在私域流量运营中，转化成交才是商家或企业努力的终极目标。如果这一目标无法实现，那么前期的引流和留存工作就相当于白做了。因此，如何提升私域流量的转化率，从而获得更多的收入，成为每个商家或企业重点考虑的问题。

要想提升用户的转化率，首先应该构建客户的信任度。据一项调查显示，67% 的客户认为，与他们喜欢但不信任的企业相比，他们更可能在信任但不一定喜欢的企业买东西。由此可见，取得客户的信任才是双方成交的关键。

那么我们应该怎么做才能构建客户的信任感呢？以下是四个可供参考的办法。

第一，给客户一种真实可靠的感觉。

用户想要的这种真实和可靠的感觉既来自产品或者服务的质量，也来自推销产品的人。如果产品包装简陋、做工粗糙、材质廉价，整体给人一种粗制滥造的感觉，那自然无法获取用户的信任；如果推销产品的人看起来吊儿郎当，说话不严谨，那么也会失去用户的信任。

为了避免这些情况发生，我们先要将产品的舒适性、安全性和美学吸引力等方面设计得符合用户的内心期待。我们还要通过恰如其分地展示产品的性能来获得用户的信任，比如你推销的是一款行李箱，当你告诉客户你的产品结实耐用时，客户也许不会相信，但是当你站在行李箱上使劲踩踏，行李箱依旧完好无损时，客户就会对它产生一种深深的信任感。当然，你还可以借助他人的口碑来获得用户的信赖。

建立起用户对产品的信赖之后，我们还要建立用户对营销人员的信任感。那么作为一名营销员，我们应该如何打造靠谱的“人设”呢？首先，着装得体，因为它代表着你个人的阅历和修养，审美和情趣。如果你打扮得花枝招展，肯定会引起客户的反感。其次，言行举止得体大方，这样才能给客户留下一个好的印象。最后，一定要展现你专业的一面，这样用户才会完全信任你。比如，你在直播间出售舞蹈课程，如果你的舞姿不尽如人意，体现不出作为一个舞蹈演员的专业水准，那么客户又怎么会相信你能把他们教好呢？客户因此不购买也是情理之中的事情。

第二，第三方背书。

比如，你在购买一套绘本的时候，犹豫不决，不确定它的质量到底好不好，这时如果营销人员告诉你该绘本曾经获得凯迪克大奖 ，那么你会毫不犹豫地相信这套绘本质量上佳。由此可见，有了第三方的背书，用户的信任度就会直线提升。微信公众号 × 点家教在推送一篇软文时，就采用了这样一个标题:《谷爱凌“开挂”骗了所有人？16 岁考上斯坦福，18 岁夺下奥运冠军，靠的竟然只是这一点》。这篇软文推销的是一套学习方法，有了奥运冠军谷爱凌的背书，这套学习方法的重要作用就显现出来了。

第三，拉近与客户的距离。

一般来说，与我们越亲近的人，我们越容易对其产生信任的感觉，而对那些素未谋面或者仅有一面之缘的人，仍然会保持高度的警惕。这就说明，要想获得客户的信任，我们需要不断采取措施，拉近与客户的心理距离，双方变得亲密无间了，用户信任的桥梁自然会牢不可破。

那么作为一个产品营销者应该如何拉近与客户的距离呢？首先，得体而恰当的肢体语言能帮你去除与客户之间的陌生感。其次，言语要柔和，避免尖锐性的话刺伤客户。比如，将“我是否能够请教您一个问题？”“我还是不太理解您的意思，能否麻烦您重新表述一次？”这些话委婉柔和，客户听后自然感觉你平易近人，很好相处。再次，要引导客户与你多多互动，这样在一来一回的交流中，彼此之间的生疏感自然会不翼而飞。最后，采用一些合适的话题，缓解彼此之间的陌生感。比如聊一聊天气、子女教育、时事新闻、穿着打扮、养生保健等。这些话题都可以帮你打开客户的心门，卸下他们的心防。当然，你还可以通过赠送礼物的方式，加深彼此的了解。当你和客户的内心距离越来越近时，客户的信任感就油然而生。

第四，为客户提供资质证书，以此证明自己的能力。

比如，梨花声音研修院导师张弛在宣传推广自己的声音课时，会向大家展示他人大版《普通话水平测试专用教材》的主编身份；再比如，抖音的某个老师在售卖自己的亲子课程时，会在简介一栏中展示自己获得的心理学及教育学方面的证书。这些证书就是营销者能力的象征，有了这些证书助力，用户的信任感自然会轻松建立。

以上就是获取用户信任的四个有效方法，使用这些方法可以帮助大家快速提升用户的转化率，实现经济利润的增长。

严抓细节，将客户的满意度放在第一位

俗话说：“不积跬步，无以至千里；不积小流，无以成江海。”在这个世界上，所有的大事都是由点滴的小事构成的。一个小小的细节如果被忽视，那就有可能引来很大的损失，正所谓“天下大事，必作于细”。世界著名的希尔顿酒店正是明白这个道理，所以他们力求把每个细节都做到极

致。在希尔顿酒店里，前一次过来住宿的客人，第二次来这里消费，依旧能享受到一模一样的服务，客户喜欢坐什么样的位置，喜欢吃什么样的早餐，服务员记得清清楚楚。而且把客户的食物端上餐桌之后，服务员说话都特别小心谨慎，他们只要张口就会主动后退两步，为的是防止自己的口水落入别人的食物之中。

“华人管理教育第一人”余世维曾经讲过这样一个发生在希尔顿酒店的故事：

一天，酒店迎来了一对中年夫妇，他们想在这里留宿，可前台查询完之后发现没有多余的房间了。面对这种情况，换作普通的酒店服务人员，他们肯定会面无表情地告诉客户：“我们酒店已经满了，你再去换另外一家吧。”可希尔顿酒店的服务员是这样做的：

服务员首先很礼貌地询问这对夫妇：“先生，太太，我们这附近还有一些其他的酒店，要不要我帮您问一问？”得到夫妇俩的同意后，希尔顿的服务人员马上抽出一张卡片，在上面签了一个名，然后递给夫妻俩，请他们去大堂喝免费的咖啡，接着他便打电话查询起来。

不一会儿，服务员查到后面两条街的喜来登酒店还有一间套房，档次跟希尔顿酒店是一样的，而且价格还便宜20美元。听到这个消息，夫妻俩都同意到那里住宿。于是希尔顿的服务员又一次联系了那家酒店的人员，让他们过来接这对夫妇。很快，车子就到了门口，希尔顿酒店的服务人员陪着这对夫妇一同走出去，微笑着目送这对夫妻离开。

临走前，老先生两手扒着车门，脚往上面一迈，回头讲了一句令余世维终生难忘的话：“下次我们再来还是住希尔顿吧。”

希尔顿酒店的做法给我们一个启示：把每个细节都要做到精益求精，是提升客户满意度的有效手段，更是提升客户转化率的制胜法宝。

在日常工作中，我们应该如何做好这些细节工作，从而将获得的流量有效转化呢？以下是五点可行的建议。

第一，不断优化详情页面，便于客户更好地理解。

有些线上店铺的详情页做得非常随意，用户关心的点都没有标注清楚。比如，他们售卖的童书适合什么年龄段的孩子阅读，他们没有标注清楚；书里大概有什么样的内容，书的大纲是怎样的，也没有详细的介绍，客户询问时，还会随意搪塞。这样的服务态度如何让客户满意，又如何让客户心甘情愿去下单？所以，在推销产品之前，一定要优化产品的详情页面。比如，将产品的卖点以特别显眼的形式展示给客户，这样就节省了他们浏览和找寻的时间；再比如，将衣服的布料以高清的形式呈现给客户，省得他们为了了解这个问题在评论区翻找。总之，把客户关注的这些小问题都考虑周到，这样才能更好地挽留客户的心。

第二，降低客户的购买风险。

客户在购买产品的时候，总会以一种悲观的心态预判产品会给他们带来糟糕的使用体验。比如，这个产品会不会对人体有辐射？或者收到货物之后，不是很满意，还能退换吗？这家店铺卖的东西是正品吗？类似这样的顾虑也会阻碍客户购买的脚步。这个时候，我们可以在购买之前就主动向客户承诺“正品保证”，展示防伪码，或者 7 天无理由退货等。这些细节做到位了，客户的顾虑打消，转化率自然就上去了。

第三，给客户一种很划算的感觉。

当客户想要购买一件东西的时候，内心多多少少会因为昂贵的价格而止步不前。这个时候如果你把价格分解一下，比如“中国名牌海信冰箱，三天仅需一度电”“太太乐鸡精，只要五分钱，鲜美一整天”“一晚低至一度电，美的变频空调，想开就开”，这样的话术就会给客户一种很划算的感觉。从总价到均价，文案只需要做这一点点小小的改动就能降低客户的购买压力，提升客户的满意度。

第四，对客户要保持足够的耐心和细心。

很多商家招聘客服，觉得只要他们会打字，能聊天就行，其实大错特错。一个耐心细致且服务意识强烈的客服与一个专业性不强的客服所创造出来的价值相差甚远。前者懂得踏踏实实做好每一件小事，以细节换来客户的满意，用行动提升品牌的形象，从而换来更多的信任和更高的转化率。而后者则言行无状，心不在焉，无形中招来客户的厌烦，这样自然无法提升客户的转化率。

第五，简化客户操作流程。

当客户在浏览网站时，如果操作过程过于繁杂冗长，自然会消耗掉他们的耐心。有些脾气急躁的客户操作了几遍之后还是没有达到目的，就会愤然退出。因此，为了提升企业与客户沟通的效率，进而提升客户的满意度和转化率，网站或者平台的运营者一定要精简流程，忧客户之所忧，虑客户之所虑，修改每一处细节，争取获得客户最大程度的满意。

客户满意是提升转化率的关键所在，而细节落实是提升顾客满意度的有效手段。所以，作为商家或者企业，我们一定要严抓细节，将以上几点落实到位，这样才能轻松打开客户的钱袋子。

挖掘客户的需求，让转化率成倍提升

在网络上流传着这样一个经典的销售案例：

一位老人去菜市场买菜，买完菜之后，她相继来到三个卖苹果的摊位。她走到第一个摊位前问商贩："这个苹果怎么样啊？"商贩自信地答道："这苹果又大又甜，非常好吃！"

老人摇了摇头，然后走到了第二个摊位前，问了同样的问题，第二个商贩回答道："我这里有两种苹果，您想要什么样的呢？"老人说道："我想要酸一点的。"商贩听完之后说道："我这边的这些苹果又大又酸，吃得非常过瘾，而且闻起来还有淡淡的果香味，很受欢迎的，你来几斤吧！"后来，老人从他的摊位上买了一些苹果。

接着老人又经过第三个摊位，相同的问题她又问了一遍。第三个商贩答道："我的苹果很不错，请问您想要什么样的苹果呢？"老人说："我想要酸一点的苹果。"商贩试探性地问道："一般人们买苹果都想要大的甜的，您为什么想要酸的呢？"老人回答："因为我儿媳妇怀孕了，她想吃酸的。"

商贩笑呵呵地说道："那您对儿媳妇真好！人们常说，酸儿辣女，您儿媳妇想吃酸的，我感觉她吃了这些酸酸的苹果，很有可能给您生一个大胖孙子。"老人听了这些话，心里非常高兴，随即买了几斤苹果。商贩一边称苹果，一边问老太太："孕妇怀孕需要摄入大量的营养，您知道吃什么对胎儿最好吗？"老人说："我岁数大了，也不懂这些，你觉得吃什么对肚子里的孩子好？"

商贩笑嘻嘻地说道："其实孕妇需要补充大量的维生素，它能够促进胎儿的生长发育。所以，我觉得您儿媳妇还应该多吃一些维生素含量高的食物，比如猕猴桃。”老人听后表示很认同商贩的话，于是又乐呵呵地买了两斤猕猴桃。

在上面这个故事中，为什么面对同样的顾客，三个商贩取得了不同的销售结果呢？其实关键在于他们有没有挖掘到客户的需求。

第一个商贩只看到了客户的要求，但是没有探测到其内心的需求，所以一无所获。而第二个商贩通过提问的方式了解到了用户的需求，所以他取得了一定的收益。而第三个商贩，不仅挖掘到了用户的需求，还主动引导，创造出客户的需求，所以他才是三个人中最大的赢家。

上面的这个故事给我们一个启发：好的转化需要挖掘用户的需求，创造用户的需求。当用户的需求被激发出来之后，他们自然而然会做出购买的决定。

那么我们应该如何挖掘和创造用户的需求呢？首先，我们需要知道用户的需求都有什么，这样才能做到有的放矢。

一般来说，用户的需求层次分为：生理需求、安全需求、社会需求、尊重需求、自我实现的需求。产品或者服务都是围绕人的这些需求展开。根据用户的表现，我们也可以将他们的需求分为隐形需求和显性需求。

这些需求的类型不同，我们采用的方法也不尽相同。比如，对于显性需求，营销人员只需要通过提问的方式就可以挖掘出来。比如，上面案例中的第二个商贩，一句“您想要什么样的苹果呢”就可以轻松挖掘到用户的需求。而对于一些隐性需求，则需要语言引导方可挖掘出来。比如，“怀孕吃水果补充维生素”就是用户的隐性需求，如果第三个商贩不主动引导，客户也许意识不到自己有这方面的需求。

了解了用户的具体需求，我们接下来介绍挖掘用户需求的方法和步骤。一般来说，在挖掘用户的需求之前，我们首先要代入用户的角色，走进他们所处的情景，推断出他们可能面临的痛点。找到用户的痛点之后，我们就可以为他们分析利弊，推测负面的影响。当他们真正意识到自己内心的需求时，我们就可以雪中送炭，及时推出产品或者服务，以此解决他们眼前的麻烦。而当用户有了产品或者服务的助力，从困难中摆脱出来时，他们就会感受到真正的快乐。这个时候如果你发出购买的号召，那么成交的概率会非常大。

在一家商场内，一对夫妇正在闲逛，逛着逛着，妻子看中一套高档的餐具，对它爱不释手，所以特别想买下来。可丈夫却觉得价格太贵了，不想付钱。这时导购走过来一看，把丈夫拉到一边，悄悄地对他说：“这么贵的餐具，您的太太是不会舍得让您洗碗的。”一句话说得丈夫立马就改变了原来的态度，痛快地掏钱把餐具买了下来。

在上面这个案例里，一开始无法成交，其根本原因在于没有挖掘到丈夫的需求。而聪明的导购员则站在丈夫的角度思考问题，进而联想到丈夫的痛点：不喜欢洗碗，于是导购员在戳破丈夫的痛点的同时也为他提供了解决问题的办法：买一套高档的餐具，这样妻子就有可能格外珍惜这套餐具，从而放弃让丈夫洗碗的念头。而丈夫的需求一旦被挖掘出来，这笔订单立刻就完成了。

以上就是挖掘客户需求的关键步骤，大家在使用这个步骤挖掘客户需求时，要记得观察用户的言谈举止，同时还要善用一些引导性的问题，促使用户说出内心的需求。另外，我们还需要认真聆听用户的心声，在只言片语中推测出用户的真实意图，这样才能大大提升用户的转化率。

搞好“面子工程”，客户才愿意埋单

我们平时在电商平台购物时，经常会收到一张“好评返现”的优惠券，那么商家为什么要给我们寄这样一张小卡片呢？其根本原因是想通过客户的评论提升产品的转化率。人们常说评价是产品的脸面，搞好“面子工程”，才能提升客户的转化率。

为什么用户的评价如此重要呢？他们作为一个消费群体，天然具有强烈的“种草”属性，有时买家的一句评论抵得上卖家十句自吹自擂。另外，买家的评论是新客户购买的基本依据。据调查显示，88% 的消费者在购买产品的时候，都喜欢看带有图片的评价，其中 99% 的女性必看。如果你的店铺下面没有这些评论，那么客户购买的欲望会大打折扣。所以，“面子工程”至关重要，如果你不重视这些“面子工程”，那么订单势必会流向那些销量高、评论量多的竞争对手那里。

因此，作为一个商家或者企业，我们一定要重视这个问题，这样才能为店铺带来源源不断的成交量。而且，当店铺遇到以下两种情况时，尤其需要用户的评论为我们撑门面。

第一，促销活动。

我们常见的促销活动一般发生在节假日或者“双十一”，这个时候涌过来的客户大多是冲动型消费，如果你提前没有对评论区做很好的管理和布局，那么到时候一些差评直接会挫伤客户购买的积极性。

第二，新品上架。

当一些新的产品刚刚出现在人们的视野时，销量自然会十分低迷，为了获得用户的信任，也为了从竞争激烈的市场上分得一杯羹，我们需要在评论区布局大量好评，这样才能给客户提供一份信任感。

了解了评价的重要性和必要性之后，我们再来探讨一下评价的有效性。用户什么样的评语才能有效提升客户的转化率呢?

第一，能够挑起用户购买欲望的评语。

比如，拼多多上某个电动车下面有这样一条评论：“电动车收到了，物流服务很好，车子没有破损，安装起来也非常方便。安装好之后，骑了几圈，感觉减震效果很好，座椅也很舒服，整车结构紧凑，有品牌的风范。这下有了它之后，接送孩子，买菜买米，外出游玩更加方便了，真的好开心。”这条评论，无论是阐述电动车的功能，还是用途，都能激发用户购买的决心。

第二，评价的核心公式：场景 + 人物 + 肯定语。

比如，在某洗发产品网店里有这样一条评论：“双十一囤的货，包装好，物流快。买回来使用了几次，感觉去屑效果非常明显，洗后头发顺滑不油腻，还有一股淡淡的香味，超级好闻。爸爸妈妈也喜欢用。关键是价格便宜，还收到了一个赠品，非常划算。我以后还会使用这一产品。”

在这条评语里，既营造了使用的场景，又详细说明了洗发水的效果，而且人物的引用给人真实的感觉。最后肯定的语气更坚定了人们购买的决心。

第三，配上高清的产品图和效果对比图。

如果说文字有夸夸其谈的嫌疑，那么配上一张高清的效果图及产品细节的展示图，则会给客户一种真实感和信任感。比如，你卖的是减肥产品，在产品的评论区下面配上两张减肥前后的效果对比图比任何话语都具有说服力；再比如，你卖的是高档的品牌衣服，可以配上一些关于衣服面料、做工、设计细节以及上身的效果图，以此彰显衣服的质感。高清图片有时比语言和文字更有说服力。

以上是有效评论的一些评判标准，如果你在评论区看到这些强有力的“证据”，记得把它置顶，这样可以给新来的用户做一个参考，同时也能促使他们坚定购买的决心。

当然，为了让更多的用户参与到评价的队伍中来，你还可以给他们邮寄的包裹中附上一些鼓励的话，比如，“特别感谢亲的支持和信赖，小店刚开张，有不足的方面期待您提出珍贵的意见与建议，我们会虚心接受，不断改进。同时也期待您能够给予我们网店 5 分的五星好评。特别感谢鼓励！”或者“美味已达，满意请点亮 5 颗星，再点评 10 字内容，返亲满 100 元减 10 元优惠券。若有问题及时联系客服，竭诚为您排忧！”这些话术都可以有效激发用户参与评价的积极性。

提醒大家的是，好的评价可以为你装点门面，提升转化率，而差的评价则会打击用户购买的决心。所以，为了避免出现差评，我们在运送产品的时候，可以附带一张诚意满满的手写信。比如，“亲，您好。我们发货的是一帮男人，粗手粗脚你懂得，所以，万一发错货，漏发了，或者没有检查出质量问题，亲爱的，千万别发飙。中差评很伤人，也很伤我们的心哦。咱们该退的退，该换的换，希望亲给予处理售后的机会！如果您对宝贝还满意，我们需要亲的五分好评鼓励。”

这些话既风趣幽默，又诚意满满，如果你看到这样的话，即便对产品或者服务不是很满意，相信也不好意思给商家差评。

五个方法，刺激客户产生购买冲动

美国著名经济组织决策管理大师赫伯特·西蒙曾经在《现代决策理论的基石》一书中提到这样一个概念：决策的有限理性原则。即在现实生活中，作为单一决策者的人是介于完全理性与非理性之间的“有限理性”个体。在实际决策中，每个个体的知识、信息、经验和能力都是有限的，不可能达到绝对的最优解，只能在考虑风险和收益等因素的情况下，做出自己较为满意的满意解。

这也就是说，没有一个人是完全靠理性消费的，大家都有感性消费的可能，因此这就给我们“刺激客户产生购买冲动”的行为提供了可能。

那么在现实中，我们应该怎么做才能让客户产生冲动消费的可能呢？

以下是五点可供参考的建议。

第一，为客户创造一种冲动型消费的场景。

客户的消费场景分为稳健型消费场景、普通型消费场景、冲动型消费场景。稳健型消费场景一般出现在客户买车、买房的时候，而普通型消费场景则出现在客户购买一些快消品的时候，而冲动型消费场景则出现在客户本没有购买意向，由于突然受到某种刺激，才产生消费行为的时候。

为了让客户加快购买的步伐，我们可以推出限时折扣、限时秒杀等优惠活动，这样客户出于占便宜的心态会尽快将产品收入囊中。快节奏的音乐也能刺激客户的神经系统，让他们在来不及仔细思考的情况下冲动购物。我们还可以给客户制造一种产品热销的热闹感觉，这样客户的感性思维就会占据上风，从而开启购买模式。

第二，减少用户的选择路径。

客户的选择越多，越容易拖慢交易的流程。为了避免这种情况发生，我们需要给用户设置简单快速的选择路径。比如，你可以问客户“您是想加一个蛋还是两个蛋？”但不要问他：“您要不要加蛋？”前者给客户的选择比较少，用户在潜意识里会挑选其中的一个答案，而后者则属于一个开放性的问题，用户在考虑要不要加蛋的问题上会花费很多时间，不利于其产生冲动消费行为。

第三，创造一种快捷的支付方式。

很多聪明的商家会给客户提供充值消费服务。为了让更多的客户参与其中，他们甚至还推出了首单免费的优惠活动。那么商家为什么要这样做呢？

一般来说，如果客户没有充值卡的时候，他一边支付，一边选取物品，内心多少有点顾忌，因为消费的频次高了，那么付款的数额也会一遍遍增多。但是假如递给他们一张充值卡，用户在消费的时候就不会太在意消费的数量以及产品的价格。

由此可见，给用户创造一种便捷的支付方式是一种多么聪明的行为，它可以降低客户对价格的敏感度和购买的压力，从而快速提高客户的转化率。

第四，利用产品的稀缺性，为客户制造紧迫感。

俗话说，物以稀为贵。越稀少的东西，人们越想占为己有。很多商家便是利用了这一点，所以才在产品的购买选项中标注了极少的库存量。这样一来，用户生怕产品被抢光，从而加快了购买的脚步。

第五，尽量缩短用户的交易路径。

用户交流的流程越烦琐，其购买的耐心消失得越快。所以，精简交易流程，降低交易门槛，是防止客户流失的关键所在。

以上就是刺激顾客感性消费的一些方式方法，大家可以根据自己的实际情况灵活运用。当客户被你营造出来的紧张氛围感“胁迫”时，他的感性就会大于理性，冲动购物的可能会大大提升，而你也会因此而获得更多的收益。

第八章
裂变传播，突破流量瓶颈

深度探讨裂变的底层逻辑

何为裂变的底层逻辑呢？要想弄明白这个问题，我们要先来了解一下裂变的概念。所谓的裂变是指找到合适的用户，让用户成为传播者，通过产品与用户、工作人员与用户之间的社交，促进用户对产品的信任、传播和销售，实现产品或品牌信息指数级的传播。这就是裂变的过程。在此过程中，我们会发现裂变的底层逻辑有五个重要组成部分：传播动机、人群匹配、文案包装、裂变工具和裂变模式。

第一，传播动机。

要想让客户实现细胞式的分裂，首先要为他们找到传播的动机。一般来说，客户传播的动机分为精神层面动机和物质层面动机两大类。精神层面动机又分为利他动机和利己动机。

我们先来看一看利他动机。当客户看到某个产品非常划算时，就忍不住想把它分享给自己的亲朋好友，想让他们也获得同样的实惠。这是一种非常利他的行为。商家可以利用客户的这一动机策划一场口碑驱动的裂变活动，在此过程中，商家会因为用户与用户之间天然的信任感而与更多人产生链接。

我们再来看一看利己动机。有时用户为了寻找社群的认同感和归属感而故意向他人传播一些有意思的事情。这个时候，我们可以利用人们的这一动机策划一场社交驱动的裂变活动。除此之外，当一个人率先知道某个事情时，他会第一时间迫不及待地跟别人分享，以此凸显自己的优越感，满足自己的虚荣心。因此，我们可以借助这个动机策划一场事件驱动的裂变活动。在这个活动中，你可以将自己的产品或者服务和有影响力的人或者热点事件联系在一起，这样可以起到很好的传播效果。

说完精神层面动机，我们聊一聊物质层面的动机。人们常说："天下熙熙，皆为利来；天下攘攘，皆为利往。"这句话很好地概括了人们趋利的特性。有了利益的指引，人们就有了从事各种活动的动力。所以，我们可以借助这个动机策划一场利益驱动的裂变活动。比如，"特大好消息！品牌女装狂欢节，全场服装只需 100 元、200 元、300 元，数量不多，机会难得。活动期间连续转发此朋友圈 4 天，即可免费到本店领取 ×× 品牌价值 50 元的内衣一件，连续转发 7 天即可获得双倍礼品。"

再比如，"宝妈进群免费送 ×× 儿童摄影推出的【保龄球礼盒或油壶 4 件套或电动泡泡机】，拉 3 位宝妈进群，任选 2 样送；拉 6 位宝妈进群，3 样全送。× 月 ×× 日下午 5：00，大型优惠活动就会在群内发布，还有大礼相送，赶紧进群看看。”

这些优惠都是大家想要的，所以为了自身利益他们也会主动为你分享、转发推广的内容。

第二，人群匹配。

在策划裂变活动之前，我们需要对现有的用户展开多维度的分析，确定他们是不是我们要找的人。换句话说，选取裂变人群时需要结合实际场景，更要分析人群的圈层属性，否则即便是同一种裂变模式，不同的传播人群裂变出来的效果千差万别。比如，对于消费能力低的“羊毛党”来说，一些小恩小惠的裂变活动，他们参与起来乐此不疲，但是那些经济实力不俗、消费能力强的人根本不屑参与其中。

第三，文案包装。

裂变文案的质量高低直接关系着裂变效果的好坏，所以我们在编辑策划文案的时候一定要注意以下几个问题：

（1）文案里所提及的内容凭什么能打动客户，从而让他们花费时间和精力去帮你传播。即传播的内容是否涉及用户的切身利益，客户在传播的过程中是否受某种动机驱动。

（2）文案里可以承诺给客户什么样的好处，这些好处足以让他们以动用自身社交价值为代价来换取吗？

（3）为了达到吸引眼球，提升传播效果的目的，我们可以把文案适当夸张一点，有点“标题党”的嫌疑也没有关系。

（4）思考自身的产品或者服务究竟有什么优势，文案应该如何展示或者证明这些优势。

（5）针对不同圈层的用户，需要编辑不同的文案。对于底层的消费者，你可以把文案写得直白露骨一点，比如“邀请好友瓜分百万红包”“砍价免费领滑板车”等。但是对于白领阶层，我们的文案就要写得含蓄一点，比如分享转发是为了宣传某种健康理念，或者帮助农民处理滞销产品等，这些委婉的话术可以帮助传播的客户维持自身的体面。

第四，裂变工具。

裂变的过程较为复杂，涉及的环节太多，如果我们仅仅依靠人工去处理，根本来不及。这个时候我们就要借助客户关系管理工具来辅助完成，有了工具的助力，自动通过、自动回复、标签分类管理等工作根本无须我们多操心。

第五，裂变模式。

裂变模式也是策划裂变活动时需要重要考虑的问题之一。一般来说，客户裂变有以下六种模式：

（1）助力模式。这种模式在我们的朋友圈经常看到，比如砍价、点赞、投票、拆红包等。这种模式拼多多平台运用得非常娴熟，很多人都是通过拼多多了解并使用这种模式。

（2）邀请模式。这种以老带新的模式是实现裂变最快的模式。在设置这个模式的时候，一定要记得给邀请者和被邀请者一定的利益，这样成功的概率会提高很多。

（3）拼团模式。拼团模式是一种很好的裂变方式和营销手段。它是指邀请者发起拼团，与同样有购物需求的好友一起享受拼团的低价福利，以此达到低价购物的目的。在此过程中，客户获得了低价购物的实惠，而商家获得了与更多用户产生联系的机会，双方实现了共赢。

（4）分销模式。分销模式是指通过设置一定的分销提成或者分销奖励，形成分销机制，然后引导尽可能多的用户，帮助你去卖产品或服务。对于商家而言，利用这种模式可以帮助他们吸引更多的客户，增加产品的销量，以很低的成本、很高的效率撬动收益的增长。

（5）跨界营销模式。跨界营销是依据消费者所表现出来的具有联系或者共性的消费特征，将不同偏好、产业、环境的消费群体联系起来，将一些之前没有任何联系的要素进行延伸、融合或渗透，从而彰显出独特的价值观念、审美情趣和生活态度，以此来赢得目标消费者的好感，最终实现跨界企业的利润最大化、市场扩大化。跨界营销一定要资质相平，资源对等。利用这种模式可低成本、高效率地实现获客目的。

（6）集卡模式。收集卡片是很多人童年的快乐回忆，曾经一些干脆面的品牌就推出集卡兑换的活动。这种模式可以促进用户之间的交流，同时也帮助商家挖掘到更多的用户。

以上就是关于裂变底层逻辑的详细介绍。我们在了解了它的底层逻辑之后，就可以在此基础上创造出更多的裂变玩法，最终高效传播信息。

裂变操盘的基本流程有哪些

裂变是一个以存量找增量的过程。在这个过程中，我们需要考虑的问题有很多，很多新手小白刚开始操盘的时候会手忙脚乱，没有头绪，下面给大家介绍裂变操盘的基本流程。掌握了基本流程，以后策划裂变活动的时候就能胸有成竹，有条不紊。

一般来说，裂变操盘的基本流程有：明确目的—策划流程—落地执行—效果测试。

第一，明确目标。

任何活动都是以目标为导向的。如果没有目标做引导，那活动策划者很容易陷入“自嗨”模式，从而搞乱节奏、迷失方向。

一场裂变活动最大的目标就是在帮助私域运营者降低运营成本的同时，实现粉丝的几何式增长。在裂变的过程中，粉丝会变得活跃起来，而且转化率也有所提高，品牌的知名度也会进一步提升。

第二，策划流程。

明确了裂变的目标之后，我们接下来就需要设计裂变的流程，即围绕着自己设定的目标，清楚地规划裂变的路径和细节。在设计裂变流程的时候，我们先大概规划一个基本流程，接着在此基础上不断做加法，将裂变的过程更加具体化。当然，为了防止遗漏重要的环节，我们还可以将裂变的过程以流程图的形式画出来。

一般来说，在裂变流程图里有七个重要点需要我们确定下来。

（1）盘点自己可利用的资源。比如，看看自己的公众号粉丝有多少，他们的增长路径在哪里，男女比例如何，覆盖的区域有哪些等。对自己现有的资源有了一个全面的了解，我们就可以根据自身的实际情况设计流程中的具体环节。

（2）确定裂变的载体。在裂变的时候可供选择的载体有很多，比如微信公众号、社群、微信个人号、小程序、App 等。具体使用哪种载体完成裂变任务，需要具体问题具体分析。

（3）制定裂变的规则。制定裂变规则的时候我们要充分考虑自己的时间成本、人力成本，以及用户参加活动的过程中的点击数、浏览量等所有的动作成本。

（4）明确裂变的模式。关于裂变的模式在前一节里就做了详细的盘点，实践中可以根据自己的实际运营场景将多个裂变模式结合实施。

（5）设计裂变海报。明确了裂变的模式之后，我们接下来就要设计裂变海报。在设计海报之前，我们可以将同类型的海报搜集起来作为参考，看海报中有哪些重点元素，文字和图片怎样安排合理等。

一般来说，海报不管怎么设计，都要遵循这样一个原则：简洁、明了，让人一眼就能看到。为了达到吸睛的目的，我们通常会选择明艳的颜色作为海报的背景颜色。另外，海报的颜色不能过多，否则会给人杂乱的感觉。

当然，海报除了颜色要讲究，排版也要简洁明了，重点突出。为了达成这一目的，海报中的字体、颜色、行间距等也要再三斟酌。

设计出来的海报里最好有权威人士的证言，这样才能建立用户的信任感。为了让粉丝加快传播的速度，我们在海报中也可以营造一些紧迫感和稀缺感。比如，“活动仅限 24 小时”“参与活动的前 50 名粉丝可以获得一份价值 100 元的大礼”。

大家需要注意的是，海报设计不可能一蹴而就，在海报的初稿完成后，我们还需进一步优化，力求它能呈现最好的效果。

（6）撰写裂变文案。在编撰裂变文案的时候，一切都要从用户的角度出发，风格和文字要符合目标客户的定位和期待。所写的内容除了凸显产品或者服务的卖点，还要戳中目标用户的痛点，这样才能提升活动的吸引力。当然，为了提升用户的转发率，我们也需要提前贴心地给用户备注上一段转发语，这样一来，用户转发的难度就有所下降，参与的积极性也会更高。最后，我们需要在文案的后面留下联系方式，方便日后进行粉丝的管理和维护。

（7）礼物设置。裂变活动中离不开礼物的助力，如果客户没有得到实实在在的好处，他们是不愿意参与其中的。一般来说，裂变活动中使用的礼物分为虚拟礼物（免费体验券、电子书、视频课程、优惠券、兑换码等）和实物礼品（目标用户日常生活中常用的东西）。具体使用哪一种，可根据预算确定。

第三，落地执行。

策划流程设计完之后，接下来就是执行的问题了。在执行的过程中，肯定有一批营销者乘虚而入，想从中截流，这个时候我们要多加防范，社群里任何形式的广告都不允许存在，如若违反，记得踢出拉黑。另外，在裂变的过程中记得使用裂变工具，否则像审核截图、换群这样的事儿，仅凭人工根本忙不过来。

第四，效果测试。

一切准备完毕之后，接下来就到了效果测试环节。测试内容包括：路径测试、渠道测试、海报测试。这样做的目的是选出效果最好的组合，以此提升裂变的效率。

以上就是裂变操盘的全部过程。在这个烦琐复杂的过程中，我们不能有丝毫马虎和大意，因为在执行的过程中漏掉其中任何一个环节，或者某个细节问题没有处理好，都会影响最后的裂变效果。

社交裂变需要注意五大要点

社交裂变是一种利益驱动的商业模式或营销模式，它具体是指活动方鼓励用户将活动内容分享到微信、微博等网络社交平台上，从而达到低成本拉新裂变的目的。社交裂变的存在可以将分散在全网域的消费者通过社交关系连接，形成自驱动传播势能。

当然，正因为社交裂变具有如此重要的作用，所以越来越多的人选择加入社交裂变的队伍。那么在社交裂变的过程中，我们都需要注意哪些问题呢?

第一，要以用户为中心。

用户是裂变传播的主体，不管是存量用户，还是增量用户，只要他们对传播的内容不满意，那么增长裂变便是一句空话。所以，我们要树立以用户为中心的运营思维，注重用户的体验。具体来说，可以简化分享的步骤，选择用户更喜欢的简单清晰的分流步骤，还可以选择符合用户圈层身份，且用户感兴趣的内容去传播，这些都能增强用户的分享意愿。

第二，将用户与利益捆绑在一起。

我们前面也说过，利益永远是用户裂变传播的第一驱动力，而且很多成功的案例都具备“社交裂变 + 利益捆绑”的特点。所以，在裂变的过程中，我们只有把直接的利益输出作为激励的手段，才能引得存量客户主动参与裂变，新增用户积极加入。假如没有这个重要环节，便无法实现共赢。

第三，策划社交裂变活动要量力而行。

在裂变的过程中，我们需要将利益作为用户转发分享的原动力，所以社交裂变注定是一项砸钱的营销活动。在策划这场活动时一定要根据自己的承受能力进行评估，否则后期会陷入尴尬的境地。一般来说，如果你的预算足够，承受能力很强，那么社交裂变势必会给你带来巨大的流量。如果你的预算有限，承受能力较弱，那么就在规则中添加一些限制性的条件，比如“前 ×× 名可以获得一份礼物”加上这些限时、限量、限地区等条件，你也可以轻松开展裂变活动。

第四，遵守社交平台的规则。

为了保障用户体验，各个社交平台会制定一系列的规则。比如，禁止恶意营销，诱导大家分享朋友圈；禁止发布色情低俗、暴力血腥、谣言等各类违反法律法规及相关政策规定的信息。所以，大家在进行社交裂变的时候一定要记得将内容写得委婉一点。注意不要发布虚假的营销消息，也不要请“水军”发帖，制造泛滥的消息，更不要强制用户关注和诱导分享。

第五，遵守引爆推广的三个基本核心点。

在裂变推广的过程中，首先，需要自带流量的推广渠道和有足够诱惑力的裂变诱因。其次，裂变诱因要具有很强的社交属性，我们只有提供有意思的社交谈资和话题，大家才更愿意帮忙转发。最后，裂变活动的执行成本一定要低，否则等到后期出现超强的扩散和很大的影响时很难收场。

以上就是社交裂变需要注意的五大要点。如果我们在裂变活动中不注意这些问题，那么很难获得好的裂变营销效果。

学会复盘大幅提升裂变效率

在营销活动中，有的商家策划一个裂变活动就能日增上万粉丝，但是有的人则没那么幸运，辛辛苦苦策划很久的裂变活动，结果依旧不尽如人意。为什么会出现这种付出与回报不对等的情况呢？其实很有可能是他们在裂变的时候忘记复盘了。

复盘，是一种围棋术语，也称“复局”，指对局完毕，复演该盘棋的记录，以检查对局中招法的优劣与得失的关键。其实做裂变营销也跟下棋一样，要懂得给自己做一次全面的复盘，这样我们才能从过去的失败中汲取经验和教训，从而更好地应对现在与未来。

那么作为一个营销人员，我们应该如何对裂变活动复盘呢？《复盘》一书中为我们介绍了“GRAI 复盘法”。具体可分为四个步骤：目标回顾（goal）、结果陈述（result）、过程分析（analysis）、归类总结（insight）。

第一，目标回顾。

即回想一下当初的目的或期望是什么。这是复盘的第一步，我们之所以要回顾裂变的目标，为的是将来有一个评判裂变活动成功与否的标准。如果连自己的目标都不明确，那么裂变活动也就失去了方向。

第二，结果陈述。

即对裂变的结果有一个概括总结。在总结陈述结果的时候，首先，一定要真实客观地记录活动的实际情况，不要有目的地将不好的数据忽略掉；其次，与裂变活动相关的数据都要记录起来，一份全面完整的数据报告对于活动复盘有着重要的意义。

第三，过程分析。

即和原定目标相比有哪些亮点和不足。此时已经进入了复盘中的分析和反思阶段。一般情况下，结果和目标比对，通常会出现这几种情况：裂变完成情况没有预期目标那么好，即结果不如目标；裂变活动所达成的效果比预期目标还要好，即结果超越目标；裂变效果和原来预想的一样好，即结果和目标一致；目标中有的项目，但结果却没有该项目的完成情况，比如某次裂变活动原定目标要求分享次数达到800次，转发次数达到1000次，结果发现转发次数为0，这个时候你就要好好思考一下为什么会出现这种情况；结果中没有出现目标中的项目，换句话说，在裂变的过程中会出现一些特殊情况，这个时候我们就要探讨一下究竟是哪些方面出现了问题，在以后的营销活动中需要格外注意什么。

第四，归类总结。

即通过以上的分析找到更有效、更符合本质规律的做法，输出可复制的方案或者改革措施，对各举措进行创新、继续或叫停等。

以上就是裂变活动复盘时可供参考的几个关键步骤。我们在采用这些步骤复盘裂变活动时，可以从三个关键的数据入手。

（1）分享率。它是判断用户是否愿意分享活动的重要参考数据。如果用户的分享率偏低，那么我们需要反思一下，自己设计的内容是不是出现了问题，为什么这些内容无法取得用户的认可。如果用户的分享率保持在6%~12%，说明这场活动内容还是很受用户欢迎的。

（2）裂变率。这个数据直接体现了用户对活动的参与意愿。一般来说，活动的裂变率大于 80% 就说明营销推广活动是成功的。这个数据说明，大部分用户对活动的规则以及获得的报酬很满意，所以他们很愿意参与和分享。

（3）留存率。这个数据是判断活动的用户是否精准的关键。一般来说，当用户对品牌的业务没有需求的时候，他们就觉得自己没有关注的必要。另外，当他们对品牌以及产品不认可的时候，他们也觉得自己没有关注的必要。举个例子，某个中年男性在看到一个关于美甲的宣传海报时，自然会跳过，因为他们对这业务根本没有需求。再比如，一位宝妈之前买过某品牌的童装，结果这件衣服的质量很差，所以当她再次看到该品牌的活动链接时，也不会点击关注。当出现这种情况时，我们就要总结反思一下，然后迅速切换裂变渠道，找准目标用户，或者在宣传推广的内容里多添加一些展示产品功能或者优势的术语，增强对客户的吸引力。

在复盘这些复杂的数据时，如果我们只是依靠人工，那么工作的难度会很大。这个时候，适当使用一些裂变工具也是不错的选择。比如，我们可以用任务宝查看启动量数据、扫码人数、完成人数、粉丝增长的数量、任务完成率等。有了工具的助力，复盘的效率会大大提升。

总而言之，复盘总结是所有成功者都在用的一个有力武器。我们只有通过复盘才能将裂变活动中的问题找出来，从而抓住进步的机会，提高裂变效率。如果缺乏这个必要的步骤，那么我们在裂变活动中也许会多次掉入同一个坑而不自知，这是推广营销者不愿看到的结果。

第九章
实现疯传，掌握裂变的密码

粉丝疯传的秘密：懂得拿捏人性

一天，爱默生想把一头小牛赶入牛棚里，可是不管他和儿子怎么拖拽推拉，小牛依旧蹬紧双腿，一动不动。后来，一位爱尔兰女仆看到这一切，聪明的她将自己的拇指放进了小牛的嘴里，然后一边让小牛吮吸，一边将小牛向牛棚的方向拉动，很快小牛就被她引导进了牛棚。

故事中的女仆虽然不懂得关于牛的科学知识，但是她拿捏住了小牛的天性，所以成功把小牛送进了牛棚。同样的道理，营销裂变也要懂得拿捏人性，这样用户才能像小牛那样乖巧地按照你规划的路线行进。

那么在营销裂变的过程中，我们应该怎么样利用人性来做文章呢？其实在前面讲述传播动机的时候也简单提到过人性这个话题，下面我们就这个话题展开详细的分析和论述。

第一，显要感。

美国哲学家杜威教授曾经提到这样一个观点：“人类天性中最深层次

的冲动就是‘显要感’”。具体是指，每个人都想通过展示自己优秀或者与众不同的一面来收获别人的认同、肯定、夸奖、追捧。这也是人之所以产生优越感和虚荣心的根本原因。

戴尔·卡耐基在《人性的弱点》一书里讲过这样一个故事：

卡耐基小的时候，他的父亲是密苏里州一位有名的畜牧业养殖户。他家饲养了很多杜罗·杰赛猪和白脸牛，这些品质优良的家畜经常被拉到中西部的集市和家畜展销会上出售。因为他的父亲在养殖方面表现出色，所以当地政府对他予以了高度评价，并且还给他发了很多奖励。

对待这些奖励，他的父亲总是视若珍宝。他将这些蓝缎带奖章别在白色的布条上，等到家里来人时，总是忍不住向客人展示一番。

“其实，这些猪并不关心它们得到了什么奖章。但是我的父亲却很在意这个，因为这个东西给他带来了一种显要感。”卡耐基在书中这样感慨地写道。

故事中的父亲之所以乐此不疲地“显摆”奖章，是因为他内在的显要感在发挥着作用。我们要想让用户帮助转发分享，实现病毒式裂变，也可以激发他们天性中的“显要感”。

比如，抖音里经常有一些测试情商、性格、爱情的小程序，我们将这些小程序作为自己裂变引流的工具，未尝不是一个好的选择。因为人们在显要感的驱动下会炫耀自己的性格、智商，以及美好的爱情等，所以当他们看到这类小程序后，总会忍不住想跟周围认识的人分享自己的测试结果。这样一来，我们就借助人的天性完成了裂变的任务。

第二，利益追求。

前面我们也提到过，追求利益是每个人的天性，所以后来才有了“无利不起早”“天下熙熙，皆为利来；天下攘攘，皆为利往”的经典名言。在人类身上发生的很多事情，也都证明了这些话的正确性。

“钢铁大王”安德鲁·卡内基有两个侄子，他们都是耶鲁大学的高才生，但这两个家伙只顾着闷头在学校读书，从来也不跟家里有书信往来，这让家里人非常担忧。卡内基见状就跟家人打赌：如果我能让这两位侄子回信，你们得给我 100 美元的现金；如果我做不到，我就赔给你们 100 美元。

之后，卡内基给两位侄子写了一封信，信里对回信的事只字未提，他只是唠了一些家常，但很快侄子的回信就收到了。众人非常惊讶，纷纷问他到底是怎么做到的。他回道：“我在信的末尾提到要赠送给他们 5 美元当礼物，但是我并没有把钞票一起放到信封里。”

上面的这个故事很耐人寻味。读完这个故事，我们可以从中得到启发：利用人们逐利的天性，调动他们转发分享的积极性，这样也能实现病毒式的裂变。

那么具体怎么做呢？我们可以参考拼多多。这个平台在2015年上线，经过短短3年努力就成为上市公司，而今平台的活跃用户数已达到七八亿人，成了国内用户规模最大的电商平台之一。它之所以有如此辉煌的战绩，是因为把人性拿捏得恰到好处。

在平台刚上线不久，它就利用“砍价免费拿商品”的活动吸引了一大批三四线城市的用户，后来它又推出了一系列跟用户利益相关的其他活动，比如“现金大转盘”“多多赚大钱”等，用利益驱动着大家帮它完成裂变增客的目的。拼多多靠着这些裂变活动获得了超高的人气和大批的流量，从而赚得盆满钵满。

第三，乐于助人。

我们将时间线推移到很久很久以前，那时的原始人类生活在非常恶劣的环境中，野兽频出，灾荒不断，疾病肆虐，人与人之间只有互相帮助才能存活下来。所以社会生物学家爱德华·威尔逊认为，如果一个群体内大多数人倾向于助人，那么这个群体的基因库流传下去的概率就会更大。

从这段话当中我们可以得出，助人的天性其实也是镌刻在人类基因里的，就像孟子说的：“恻隐之心，人皆有之。”如今放眼望去，经常可以看到人们乐于助人的暖心事迹，由此可见助人是人性中普遍存在的一种现象。我们可以利用人性的这种善去引流拓客。

比如，公望府公众号在2022年7月推出了一项引流裂变活动，活动的规则是这样的：

（1）关注公望府公众号。

（2）转发本文章到微信朋友圈。

（3）邀请朋友点赞您的朋友圈。

转发及集赞次数达到相应要求，即可领取对应礼品哦！

转发时间：2022年7月8日~17日

奖品领取时间：2022年7月17日上午9:00

礼品详情：

转发朋友圈2天，单次集齐18个赞，即可免费领取文具盒1个；

转发朋友圈3天，单次集齐38个赞，即可免费领取电动文具套装1个；

转发朋友圈3天，单次集齐68个赞，即可免费领取儿童水壶1个（30名）；

转发朋友圈5天，单次集齐88个赞，即可免费领取儿童书包1个（20名）；

转发朋友圈5天，单次集齐108个赞，即可免费领取儿童滑板车1个

（10 名）；

转发朋友圈 7 天，单次集齐 188 个赞，即可免费领取儿童自行车 1 个（5 名）。

礼品数量有限，先到先得。

很多宝妈们看到这些礼物就坐不住了，这样的任务执行难度不大，但是可以获得实实在在的好处，如果成功了可以帮家里省一些生活费呢！所以她们本着炽热的助人之心，纷纷奔走相告，希望亲戚朋友也和她一起参与，一起省钱。最后这场裂变活动因为用户积极热心的转发而吸引来一大批流量。

我们常说，要想钓到鱼，鱼饵必须适合鱼的口味。而我们要想成功裂变，也要懂得顺应人性，满足人性的需求，这样才能有效动员大家进行推广和传播，从而推动流量的裂变，扩大自己的私域流量池。

五个有效的裂变渠道

实现病毒式的裂变效果几乎是每一个活动营销者梦寐以求的事情。然而理想是美好的，实现起来却困难重重。在此过程中，需要我们掌握和了解的东西实在是太多了。成功的裂变除了要求我们把握好人性，还要求我们掌握一些有效的裂变渠道。下面就为大家介绍五个有效的裂变渠道，以及每个裂变渠道涉及的注意事项和方法技巧。

第一，公众号。

公众号是裂变吸粉很常见的一种渠道。我们在利用公众号裂变时通常会采用海报裂变的方式，因为这种方式成本低，且简单高效。利用海报裂变时，我们通常会采用以下几个步骤：

（1）设计一张带有公众号二维码的精美海报并发布。

（2）老用户被海报的内容吸引，转发海报，完成邀请好友的任务。

（3）新用户看到海报之后，关注微信公众号。

（4）新用户参与活动，转发并分享海报，实现下一轮的传播裂变。

在这里需要跟大家强调的是，海报裂变的方式具有一定的局限性，因为海报的篇幅有限，写不进去过多的内容。为了更好地激发用户参与的积极性，我们还需要配合海报写一篇推文，在推文里详细阐述活动的内容。

第二，个人微信号裂变。

个人微信号也是进行裂变活动的一个重要渠道。利用个人微信号裂变通常会经过这个几个步骤：首先，用户通过公众号、社群或者朋友圈获得了个人微信号，然后添加个人微信号。接着个人微信号会给用户分享海报，或者布置任务，用户完成任务后，把任务截图再发给个人微信号，个人微信号就会把之前承诺过的福利赠送给用户。

利用个人微信号裂变的好处是能及时给用户反馈，用户体验感好，自然有利于转发分享。而弊端在于个人微信号功能有限，无法有效监测流失的用户。

第三，社群裂变。

在利用社群裂变之前，我们要先花一段时间让群活跃起来。如果群内死气沉沉，大多都是僵尸粉，那么裂变活动不会有好的效果。如何才能把群氛围带动起来呢？我们可以在群里发红包，组织大家在群里打卡签到，举办一些社群活动，或者找一些意见领袖带动氛围。

当社群活络起来，我们就可以着手准备裂变活动了。一般来说，社群裂变的步骤通常是这样的：在社群发布裂变海报，用户看到宣传海报，会扫描海报上的二维码进入活动群，接着群主会给用户派发任务，即每个用户都转发这张海报，邀请自己的好友进入该群为其助力，好友进群之后，用户会收到实时助力成功的提醒。随后用户就可以领取奖励，而裂变出来的更多用户也会参与这个任务，最终形成了完整的流量闭环。

一般来说，判断一个社群裂变效果如何，主要看裂变的层级多不多，层级越多，说明参与的用户越多，裂变的效果越好。

在这个裂变过程中，群内一定会很忙，运营者需要将欢迎语、审核话术、提醒话术等事先编辑好，以防后期裂变的时候手忙脚乱，从而影响裂变效果。比如：“欢迎 ×× 入群，很高兴认识你！欢迎你来到咱们这个和谐友爱的大家庭，在这个群里我们每天会不定时给大家分享一些关于 ×× 的干货知识，而且不定时的红包会经常发。”“转发下方的文字到朋友圈，并保持 72 小时不设置分组可见，找群主提供截图即可领取价值 50 元的洗护大礼包。”

一般引导用户入群时，我们首先要用群机器人自动@进群的新人，一方面用前文的话术，表示对他们加入的欢迎；另一方面，还要给他们派发活动的任务，用户有了转发的文案和裂变的海报，才能及时采取行动，帮助我们有效裂变。

另外，在社群裂变的过程中，有些用户会在无意间说一些敏感的话，这个时候我们要委婉地提醒一下。还有些用户在转发任务的时候，没有及时参与，这个时候我们也要组织语言提醒他们。

在裂变过程中，社群内可能会有一些其他营销人员趁机在此打广告。面对这种情况，我们要提前编辑好“踢人”的话术，当违规情况出现时，机器人可以自动将用户踢出群，并给群内的其他成员发送通知，比如“不好意思呀，在我们群里禁止发任何形式的广告。这个在入群的群规里已经强调过了，我先将他们轻轻抱出群啦！”这种有人情味的“踢人”话术，不仅能警示群内的其他人员，还可以给大家设立一个亲切柔和的个人形象。

第四，小程序裂变。

小程序具有很多优势，比如功能简单，操作起来没有难度，无须关注和下载即可使用，而且在微信的传播环境下，可以直接触达海量的用户。正是因为它有这么多的优点，所以很多商家和企业越来越重视小程序，并且将它作为裂变活动的主要渠道之一。

一般来说，小程序裂变的方式主要分为活动裂变、朋友圈裂变、社群裂变以及功能裂变。功能裂变又有抽奖、卡券跳转、拼团、分销团购、社交立减金等多种玩法。

利用小程序裂变最有名的案例莫过于通过小程序抢火车票。首先，有购买火车票需求的用户将抢票的小程序转发到微信好友群里，并且附上了请求大家帮忙助力的话术。群里的好友看到这个小程序链接，出于情谊大多都会点击助力，群里有购票需求的好友看到“抢火车票还可以召集好友帮忙加速”的信息也会纷纷参与其中。就这样，这个链接一传十，十传百，渐渐地获得了更多的曝光量，而抢票小程序也因此而实现了高效的裂变。

最后提醒大家，利用这种小程序策划裂变活动时，记得引用小程序数据助手，这样更有利于大家检测裂变过程中的数据。通过对各项数据的分析研究，我们可以评估出裂变的效果，也可以为下一次裂变做更好的调整。

第五，App 裂变。

相比其他裂变渠道，App 的裂变营销会更加复杂一些，因为它涉及非常复杂的路径设计和细节性体验。但是这种裂变营销方式具有成本低、高精准、用户黏性强、效果好的特点，所以也受到营销者的重视。

一般来说，App 裂变营销的形式主要分为口碑裂变、拼团裂变和 App 邀请裂变。口碑裂变非常容易理解，即 App 依靠极致的产品和服务，先俘获一大批用户的心，然后这批用户再通过口碑让更多的用户知道这个平台。这种人传人的传播效应便是口碑裂变的主要形式。而拼团裂变则是一种通过分享进行老带新的手段，比如拼多多的砍价、拼团等就是这种裂变形式的最好示范。而 App 邀请裂变则是利用现有种子用户的社交圈子资源进行拉新获取新用户的一种活动。一般来说，App 邀请裂变有两种邀请形式：基于邀请码辨别完成新用户获取，以及基于邀请链接辨别完成新用户获取。

利用 App 裂变的商家和企业有很多，其中拼多多算是这种裂变活动中的“王者”。拼多多 App 裂变的形式有很多种，其中一种就是提取 100 元现金的活动。首先它给自己的用户发放 98 元的现金券，然后引导用户将自己的活动链接发给微信好友，邀请好友点击助力，等到完成任务之后，才能获得 100 元的现金奖励。在此过程中，好友要想助力势必要下载拼多多 App。等到好友下载完成，点击助力之后，用户就会发现自己的提取现金进度果然涨到了 98.18 元。眼看着金额马上就到 100 元了，于是更加卖力气转发分享，可就是这小小的 1.82 元，用户依旧不能快速拿到手，他们需要邀请四五十位好友助力才能获得。就这样，拼多多依靠这种套路成功裂变出大批用户。

以上就是关于裂变活动的几个重要渠道的详细介绍。在使用这些裂变渠道引流时，一定要设置好引流的门槛，门槛太高会导致用户参与的难度加大，参与的人数变少；而门槛太低会导致“羊毛党”渗入，进而使裂变的用户不精准。所以把握一个合适的尺度也是裂变活动中一件非常重要的事情。

把握好成功裂变的四个关键要素

对一个营销策划人员而言，裂变活动已经不是一个新鲜的事情，但是就算对它有颇多了解，最后依旧无法创造出刷屏级案例，为什么会这样呢？因为如今用户也对裂变这个事情见怪不怪了，大家对它的阈值提高了，自然就很难呈现出那种井喷式增长的效果。

不过尽管策划一场成功的裂变活动不是一件容易的事儿，但是我们还是要去做它，因为只有裂变才能产生更多的流量，有了更多流量才有变现的可能。那么，如何策划好一场成功的裂变活动呢？其实下面提到的这四个关键要素才是决定活动成功与否的关键。

第一，抓住裂变活动的本质。

电影《教父》里有这样一句经典的台词："花半秒钟就看透事物本质的人，和花一辈子都看不清事物本质的人，注定是截然不同的命运。"我们要想让裂变活动成功，必须抓住它的核心和本质，否则很有可能把精力集中在不重要的事务上而不自知。

那么对于营销者而言，裂变活动的本质是什么呢？其实很简单，它最核心的东西就是"社交 + 分享 + 赚钱"。在裂变活动中，所有环节都是围绕着这个核心问题展开的。比如，设置礼品是为了更好地分享，制作裂变海报是为了更好地吸引用户，从而达到赚钱的目的。总而言之，我们要竭尽全力设置好每个环节，争取达成最核心的目的。

第二，种子用户。

种子用户是指那些与产品调性相符，活跃度高，且对产品有很强信任感的用户。这些用户是参与裂变活动的核心力量。那么这类用户从哪里来呢？通常我们可以通过以下两个渠道获取。

（1）线下获取。与看不见、摸不着的线上店铺相比，线下门店更容易让人产生安全感和信任感。所以，如果你有自己的实体店铺的话，不妨先在线下门店与客户建立信任感，等他们成为你忠实的用户，你再利用这些种子用户开展线上裂变，这样成功的概率会大大增加。

（2）从老用户中筛选。在裂变之前，我们可以先建立一个预热群，把曾经有交集的用户都汇聚在这个预热群里，然后通过抽奖的方式吸引大家的注意力，与此同时将裂变活动的信息发布到群里，看看大家的反馈。这个时候，肯定有人为了奖励而积极参与，而有的人不为所动，对活动内容不置可否。

对于筛选出来的这部分积极分子，我们可以将他们单独拉到一个活动发售群里，并且在群里组队比赛，获胜的一队还可以获得额外的奖金。有了利益的驱使，他们参与的积极性更加高了。

当然，如果预算充足的话，我们还可以通过广告投放的形式来获取种子用户。有了大批量的种子用户，裂变活动就有了坚实的基础。

第三，选择的产品。

裂变活动中，渠道决定了爆发量的多少，选择的产品则决定了活动能否爆发。由此可见，选择产品也是一件非常重要的事情。那么策划裂变活动时，我们应该选择什么样的产品呢？

首先，成本不能太高。因为裂变活动目的是吸引粉丝，如果你花大价钱投入其中的话，相当于用这些钱去买粉丝了。这对于商家和企业而言，很不划算。其次，选品的受众一定要广，只有这样才能带动更多的用户参与其中。如果你的产品只适合某一部分人，那么裂变活动的效果肯定会大打折扣。最后，产品领取一定要方便，这样才不会影响裂变的效率。

第四，驱动力。

驱动力是指用户自发分享的一种动力。用户的驱动力越强，那么活动传播的范围越广，用户驱动力越小，那么活动的效果越差。为了增强用户的驱动力，我们可以从三个方面入手加以引导。

（1）情感驱动。情感驱动具体是指用户在分享或者转发这个活动之后可以得到情感方面的满足。

（2）信任驱动。我们都知道，裂变活动一定建立在信任的基础之上，如果我们没有打消用户的顾虑，为自己的产品或者服务背书，那么分享转发活动一定不能顺利进行。

（3）利益驱动。利益是用户分享转发最强大的动力。关于“如何用利益驱动用户”的内容，前面已经有详细的说明，这里就不再赘述。需要注意的是，在设计利益驱动方案时不要只考虑利益表面的价值而忽略用户的心理价值。

19 世纪意大利著名经济学家维弗雷多 · 帕累托提出过一个重要法则，名叫“二八法则”。它是指在任何大系统中，约 80% 的结果是由该系统中约 20% 的变量决定的，而这 20% 的变量就是系统中最关键的因素。这些关键因素决定了事情能否成功。所以，我们一定要重视裂变活动中的这些关键要素，只有掌握好这几个关键要素，才能获得满意的营销效果。

借助五个工具实现低成本裂变

裂变是一种低成本引流获客的手段。我们在利用这种手段吸引用户时，除了要掌握一些方法和技巧，还要学会使用一些便捷的工具，这样才能让裂变的效率事半功倍。那么常用的裂变工具都有哪些呢？它们分别有什么样的作用？下面我们逐一盘点。

第一，渠道活码工具。

我们都知道，微信群的二维码在满 100 人或发布 7 天之后就会失效。而二维码一旦失效，就会给后续的裂变造成很大的困扰。所以，为了防止裂变传播出现断层，我们需要用到活码，这个工具可以将一个或者多个微信二维码（包括微信群二维码或者个人微信号二维码）生成一个二维码，这个二维码就是“活码”，使用这个活码可以有效避免推广出去的二维码失效。

运用渠道活码工具除了能避免传播断层，还能给不同渠道的客户推送不同的自动回复。在裂变之前，我们只需要将各个渠道的自动回复内容设置添好，等到添加用户为好友之后，这个回复就会自动推送给用户。另外，这个渠道裂变工具还可以帮我们统计扫描次数，以及给不同渠道的客户分类，这为后期的裂变复盘提供了极大的便利。

第二，海报工具。

海报作为内容信息传播的方式之一，俨然已经成为裂变活动中不可或缺的一部分。那么怎么更加高效地制作出裂变的海报呢？我们除了用Photoshop，还可以用以下三个工具辅助设计海报。

（1）懒设计。它是倍受欢迎的在线图片制作软件、平面设计工具和在线平面设计软件之一，提供海量海报、PPT、邀请函、宣传横幅、名片、商标等免费设计素材和模板，可在线一键搞定设计印刷，并能在线编辑图片和照片。

（2）Canva。Canva 是一个主打简单便捷、快速上手的高质量在线设计平台，用户可以根据不同需求在 Canva 平台选择不同的设计模式，依照不同模板按引导进行相应的版式、背景和文字设计，同时用户还可以联网在 Canva 的资源库里搜索素材，包括图片、图标、图表等。

（3）创客贴。它是一个极简好用的平面设计作图网站，可以免费在线编辑图片。也可以提供免费设计模板，有海报、名片、公众号图片、PPT、邀请函等 65 个场景模板，一键搞定设计印刷。

以上提到的这三个工具可以帮助你有效提升海报的制作效率。如果你使用 Photoshop 不熟练的话，不妨试试这些便捷的工具。

第三，个人微信辅助工具。

微信已经成为生活中不可或缺的社交工具。正因为其社交属性强，所以在裂变的过程中，我们需要微信的助力。不过在裂变的过程中，仅仅依靠微信也是不行的，因为它本身自带的管理功能十分薄弱，一旦裂变的层级变多，仅凭人力就忙不过来。这时候就需要我们引进个人微信辅助工具。比如，进群宝、零一裂变、任务宝、石墨文档、草料二维码、神兽助手等。这些工具可以帮助我们批量添加微信好友、资讯推送、消息管理等，极大地节省了我们的时间和精力。

第四，短网址。

在编辑裂变文案时，可能需要在关键词里面插入一些链接，从而帮助用户更好地理解裂变活动。这个时候，如果我们直接复制粘贴链接的话，文案会显得很乱很杂，影响用户的观感。为了避免这种情况发生，我们可以采用百度短网址、微博短链接、Dwz3.cn 等短网址生成器，它们可以为我们提供短链接服务。

第五，免费的图片网站。

在制作裂变海报时，我们有可能用到一些清晰度高的图片。这个时候，我们可以去花瓣网、摄图网、昵图网、秀多多、Pixabay 等网站搜寻。

这里图源丰富，而且有些图片还能免费下载使用。

俗话说：“三分手艺，七分家伙。”一套好的工具对于裂变活动至关重要。在营销过程中，如果我们对上面这些裂变工具的使用能得心应手，那么就能在裂变活动中精准导客、获客，大大降低私域运营、转化成本。